la Modesta

16

D1665198

Vera Navarria

I libri delle donne

Case editrici femministe degli anni settanta

Postfazione di Monica J. Romano

Villaggio Maori Edizioni

Proprietà letteraria
Villaggio Maori Edizioni s.a.s.
C.so Vittorio Emanuele III, 57, Valverde - CATANIA

©2018, Villaggio Maori Edizioni sas, Catania
Prima edizione: «V. Navarria, *I libri delle donne*»

Redazione: Patrizia Maltese
Copertina: Giulia Impellizzeri

Font: *Linux Libertine* di P.H. Poll

www.villaggiomaori.com
ISBN: 9788894898378

Introduzione

Editoria femminista. L'espressione sembra rimandare a una nicchia, a qualcosa in grado di suscitare al massimo l'interesse delle poche e dei pochi che in Italia, oggi, si definiscono femministi, e forse l'argomento non può contare neppure sulla simpatia di tutti costoro, ma solo di quanti condividono, oltre al femminismo, l'amore per i libri. Eppure quello dell'editoria femminista è un insieme abbastanza vario e vasto da includere l'attività di case editrici e collane delle donne, l'immenso patrimonio delle riviste dei gruppi femministi, fino ad arrivare ai prodotti digitali come siti web specializzati, blog e *magazine*. Circoscrivendo il campo agli anni settanta, l'insieme perde la categoria più recente del digitale, ma rimane abbastanza ampio da includere tutte le altre. Sarà quindi meglio dichiarare subito che in questo lavoro ho preso in considerazione solo l'attività delle case editrici e, tra queste, ho compiuto la scelta di privilegiare quelle che, dandosi una forma e una struttura imprenditoriale, avevano inteso agire nel mercato.

Quando mi è capitato di parlare di questo libro, i miei interlocutori – nessuno escluso – si sono mostrati stupiti, sorpresi soprattutto dell'esistenza di un'editoria femminista anche in Italia. E mi hanno chiesto poi a cosa sia servita. Questo può dare la misura di quanto l'argomento sia veramente poco conosciuto, anche da donne che oggi considerano acquisiti i risultati della lotta femminista degli anni settanta e gli argomenti della cultura e diversità femminile a cui quelle case editrici offrirono una voce. Per dare una risposta a questa domanda ho eseguito una ricerca su fonti frammentarie, su documenti anche di difficile reperimento, scontando l'assenza di uno studio storiografico sistematico. Ne è emerso un quadro che desta interesse e stupore per quel periodo breve, prezioso, in cui la lotta femminista, l'impegno e lo slancio delle intellettuali coinvolte in quel settore ha dato come suo originale frutto un'editoria delle donne a livello europeo. Non solo sono stati stampati testi prima sconosciuti, eppure assolutamente necessari alle nostre vite, come hanno fatto in Italia le Edizioni delle donne, in Francia le omonime Éditions des femmes, Virago e The Women's Press in Gran Bretagna, ma sono stati realizzati progetti di grande generosità. Il lavoro delle editrici, delle redattrici, delle donne che collaboravano a vario titolo, spesso non era nemmeno retribuito.

Le case editrici che sono oggetto di questo libro, come ho accennato, si dotarono di una struttura organizzativa, di una forma, anche giuridica, che permettesse loro di affrontare il mercato. Ciò fu necessario, ma nessuna di loro aveva come fine quello puramente commerciale. Tutte vivevano per un fine ideale, dare voce alle donne, alla loro differenza, alla loro creatività.

Ho compiuto la scelta preliminare di distinguere l'attività editoriale dei gruppi femministi, che pure ha dato origine a una ricca editoria informale, dalle case editrici vere e proprie. È un confine, soprattutto per i primi tempi, labile: tutte le case editrici di cui ci occuperemo hanno le loro radici in un gruppo femminista. Per contro, alcune pubblicazioni di semplici gruppi hanno avuto anche grande successo e diffusione, come per esempio *Sputiamo su Hegel!* stampato in proprio da Rivolta Femminile con 20 000 copie vendute e tradotto poi in tre lingue. E allora cosa impedisce di considerare Rivolta una casa editrice vera e propria? La linea di demarcazione che ho stabilito è stata la decisione di pubblicare scritti di autrici esterne al piccolo gruppo. Dal francese Psychanalyse et Politique emergono le Éditions des femmes, dal collettivo comunista di via Pomponazzi a Roma le Edizioni delle donne. Dall'esperienza di «Spare Rib», la più dirompente tra le riviste del Women's Liberation Movement britannico, viene fuori Virago. Dalle riunioni del gruppo di Rivolta Femminile a Milano, nonostante il disaccordo di Carla Lonzi e del resto del gruppo che continuerà a pubblicare solo gli scritti delle aderenti, nascono due tra le esperienze più preziose e feconde, quella delle edizioni la Tartaruga di Laura Lepetit e quella di Dalla parte delle bambine di Adela Turin, la prima casa editrice femminista per bambini in Europa. Adela dovrà non solo pubblicare, ma anche scrivere la maggior parte dei testi, perché fino ad allora la letteratura per l'infanzia, tutta o quasi, aveva proposto modelli educativi svantaggiosi per le bambine.

Editoria e impegno di vita femminista, quindi, appaiono imprescindibili.

In questo volume viene indagata l'editoria femminista europea in generale, nel suo complesso. I limiti della ricerca condotta, che non ha potuto contare su alcun testo sistematico di riferimento, sono stati organizzativi e, soprattutto, linguistici, dato che la maggior parte delle fonti non è mai stata tradotta in lingue diverse dall'originale, spesso non è reperibile sul web e occorre quindi recarsi nei centri di documentazione e nelle biblioteche specializzate, anche all'estero, e richiedere il testo di interesse. Ho cercato, comunque, di ricordare le case editrici danesi, olandesi, tedesche, pur non potendo approfondirle, per dare almeno il senso della loro diffusione in Europa. Dal quadro generale sull'editoria femminista europea, si è poi scelto di indagare in particolare le più importanti case editrici, quelle del Regno Unito (Virago, The Women's Press) e della Francia (Éditions des femmes).

Per approdare, infine, alle case editrici italiane, nella particolarità di un contesto di riferimento di mercato, quello dell'editoria italiana, radicalmente diverso dal resto d'Europa. Le case editrici prese in esame sono anche qui quelle di maggior rilievo, cioè le Edizioni delle donne, la Tartaruga e Dalla parte delle bambine.

Si tratta di tre esperienze diverse tra loro e fortemente caratterizzate. Le Edizioni delle donne, nate poco dopo l'omonima casa editrice francese, volevano riproporre in Italia lo spirito di quell'esperienza e si fondavano sul gruppo femminista comunista legato al Teatro della Maddalena. Anche per questo, negli anni ottanta, le scelte editoriali maggiormente orientate alla saggistica non reggono la contemporanea crisi dell'editoria italiana e dell'impegno politico a sinistra e questa casa editrice romana prova a trasferirsi a Milano, ma è presto costretta alla chiusura.

La Tartaruga, invece, può contare su una struttura più snella. Il rifiuto di Carla Lonzi di farne la casa editrice di Rivolta fa sì che il progetto maturi attorno alla figura di Laura Lepetit, la quale, pur pubblicando anche saggi, è dominata, come Carmen

Callil, da «un'ispirazione letteraria»[1], cioè da una netta preferenza per la narrativa. Lepetit asseconda il suo gusto letterario e il suo fiuto editoriale, e pubblica prevalentemente romanzi, come la casa londinese Virago. Per questo il suo successo editoriale attraversa gli anni ottanta e anche gli anni novanta, fino alla cessione alla casa editrice Baldini e Castoldi nel 1997. Dalla parte delle bambine rappresenta infine un'esperienza unica nel suo genere, che è stata capace di influenzare essa stessa le esperienze editoriali europee. Molti testi di Turin sono stati pubblicati dalle Éditions des femmes, e Christian Bruel, uno degli autori, a sua volta fonda in Francia la casa editrice per bambini Le Sourire qui mord.

Il cammino dell'editoria femminista europea inizia nel 1973 – data di fondazione della Virago – quando, con una spinta propulsiva più forte alla fine degli anni settanta e appena più debole per tutti gli anni ottanta, in Occidente sorgono oltre 140 case editrici delle donne. Insieme a loro, quasi per un accordo tacito e simultaneo, aprono i battenti anche le librerie delle donne e persino alcuni distributori dichiaratamente femministi. Tutti si incontrano in fiere del settore come l'International Feminist Book Fair (sei edizioni, la prima a Londra nel 1984) e in appuntamenti come le statunitensi Women in Print Conference. Partita dalla curiosità di conoscere meglio la storia delle protagoniste italiane di quest'impresa, ho appreso con stupore che per alcuni anni il mondo ha conosciuto un circuito editoriale diverso – imperfetto, fragile, di nicchia, con molte falle, ma a suo modo completo – che nelle sue spinte più utopiche ambiva a fare da sé, a fare a meno del compromesso con l'editoria «tradizionale», capitalista, «degli uomini», com'era indifferentemente battezzata la carta stampata di allora, colpevole di non pubblicare abbastanza autrici e di essere il primo anello di trasmissione di una cultura pensata esclusivamente dagli uomini, dalla quale le donne si sentivano non rappresentate ed escluse.

È forse questa la chiave per comprendere il separatismo, che caratterizzò quelle esperienze. La scelta delle femministe di riunirsi in luoghi che prevedevano la presenza esclusiva di donne – spesso letta come eccesso – era, in realtà, la risposta a un mondo che per primo si era separato dalle donne, decidendo che il loro spazio fosse quello domestico, e per il resto se ne potesse fare a meno. Le battaglie delle femministe egualitarie – diritto al voto, accesso agli studi, alle professioni – che avrebbero dovuto essere risolutive, non si erano rivelate che un primo passo. Catapultate finalmente nella sfera pubblica, le donne avevano preso coscienza di come questa fosse tutt'altro che neutra e ben disposta ad accoglierle, ma già dominata da un immaginario maschile, di come fosse cioè una società patriarcale. «La parità di retribuzione è un nostro diritto» ragionava Carla Lonzi, «ma la nostra oppressione è un'altra cosa. Ci basta la parità salariale quando abbiamo già sulle spalle ore di lavoro domestico?»[2]. Era chiaro che il cambiamento avrebbe dovuto essere più profondo, coinvolgere i ruoli, i modi stessi di pensare la femminilità e la mascolinità. Cittadine di paesi governati da uomini, le donne – quando avevano accesso agli studi – si trovavano davanti un canone letterario, artistico, filosofico, scientifico, interamente composto da uomini, che permetteva loro di accedere a professioni quasi sempre svolte da uomini.

Durante gli anni settanta, si ha quindi un significativo e deciso slittamento della battaglia per i diritti delle donne dal piano economico e giuridico al piano culturale. E piano culturale significa, anche, editoria.

Le donne che hanno dato avvio a case editrici femministe hanno alle spalle studi universitari. Carmen Callil, fondatrice di Virago, si è laureata in Storia e letteratura; Laura Lepetit, che ha voluto la Tartaruga, in Lettere; Adela Turin, creatrice delle edizioni Dalla parte delle bambine, in Storia dell'arte e design industriale. Antoinette Fouque, artefice delle Éditions des femmes è, tra loro, quella dal profilo intellettuale più deciso, marcato, indiscutibile. La «banale professoressa di lettere», come lei stessa si definiva pensando alla sua professione precedente, è in realtà un'allieva di Roland Barthes e di Jacques Lacan – con cui intraprende un'analisi a partire dal 1968 –, e somiglia già in quegli anni molto più a «un'intellettuale che a un'insegnante»[3]. Fouque è, insieme a Hélène Cixous, Julia Kristeva e Luce Irigaray, una figura centrale nel gruppo Psychanalyse et Politique – in cui si discuteva di un uso politico delle teorie psicanalitiche –, e nell'elaborazione del pensiero della differenza sessuale, che chiede che alle donne sia concesso non più il biglietto d'ingresso per un mondo realizzato dagli uomini, ma la stessa possibilità di costruire, immaginare, incidere. «Chiediamo referenze di millenni di pensiero filosofico che ha teorizzato l'inferiorità delle donna». Per questo le più grandi pensatrici dell'epoca ingaggiano un corpo a corpo – netto e serrato – coi «sistematici del pensiero»[4]. È questo il senso dello sputare su Hegel di Carla Lonzi, e anche della revisione critica del pensiero di Freud operata da Luce Irigaray in *Speculum*.

C'è poi, oltre che un futuro da costruire, anche un passato sepolto da portare alla luce. «Consideriamo incompleta una storia che si è costituita sulle tracce non deperibili. Nulla o male è stato tramandato della presenza della donna: sta a noi riscoprirla per sapere la verità»[5]. Così, mentre a cominciare dal primo, aperto dalla Free University di Seattle nel 1965, nel mondo si moltiplicano i corsi di Storia delle donne e i dipartimenti di Women's Studies – tanto che nel 1970 se ne contano già un centinaio –, anche i cataloghi delle case editrici femministe non fanno mancare un importante contributo alla riscoperta del passato femminile. Riscoperta come rivelazione *tout court* delle donne che per prime, sfidando i tabù e le attese sociali, avevano compiuto il gesto, forse non ancora femminista ma sicuramente rivoluzionario, di dedicarsi alla scrittura. Un'intera collana è stata pensata a questo scopo da Virago – quei Modern Classic che, pubblicando autrici di fine Ottocento o inizi Novecento hanno, secondo Jonathan Coe, ridefinito il concetto di classico: non solo, mi sembra, per aver proposto di leggere come classici autrici sconosciute, ma perché, facendolo, hanno osato affermare ad alta voce che non può esserci una classicità che escluda le donne.

Pur senza raggiungere i numeri e la popolarità della collana di Virago, anche le altre editrici si sono dedicate all'impresa mai tentata di individuare un canone classico femminile: le Edizioni delle donne pubblicano *Mathilda*, inedito di Mary Shelley, la Tartaruga e le Éditions des femmes *Tre ghinee*, testo trascurato di Virginia Woolf, e ancora queste ultime, come Virago, *Una donna*, di Sibilla Aleramo. Un invito non solo a conoscere le cosiddette «madri simboliche» ma a leggerle fuori dagli schemi, dal dettato, da ogni percorso di lettura più o meno istituzionalizzato.

Sarebbe già moltissimo. Ma le case editrici femministe hanno fatto di più e, con un occhio rivolto al passato e uno al futuro, hanno lanciato scrittrici del calibro di Doris Lessing, Nadine Gordimer, Alice Munro (la Tartaruga), Margaret Atwood, Marylinne Robinson, Maya Angelou, Naomi Wolf (Virago) e persino rivoluzionato un intero genere, come ha fatto, partendo dalle critiche al sistema educativo contenute in *Dalla parte delle bambine*[6], Adela Turin con l'editoria per l'infanzia.

Il desiderio delle editrici femministe era quello che le donne avessero uno spazio per raccontarsi. In questo senso, i loro cataloghi mi pare siano stati un'estensione, un prolungamento della pratica dell'autocoscienza. «Leggendo» è la limpida confessione di Laura Lepetit «ho capito meglio me stessa e l'esperienza che stavo vivendo»[7]. E le storie delle donne non si incontrano solo nelle autobiografie e nelle memorie, pure pubblicate in gran numero: in fondo, se il personale è politico, come queste militanti avevano scoperto negli anni settanta, anche la letteratura lo è. Ogni romanzo, anche quello che si discosta di più dalla vita del proprio autore, può incontrare quella del lettore. Lo sa bene Carmen Callil che, riconoscendosi in *Frost in May* di Antonia White, aveva deciso di fondare Virago perché, se un romanzo aveva potuto raccontare la sua storia, ce n'erano altri cento da pubblicare, che avrebbero raccontato le storie di migliaia di lettori.

«Perché ho fatto una casa editrice?»[8] si chiede Laura Lepetit. «Ricordo chiaramente le mie ambizioni»[9] le fa eco Carmen Callil. Entrambe sembrano poi procedere a un dialogo ipotetico, come se stessero conversando insieme o avessero discusso la questione molte volte: «Ho elaborato la ferma convinzione che incontrare il libro giusto al momento giusto fosse un fatto fondamentale e necessario. Questa convinzione non l'ho mai persa», dice Laura Lepetit. «Ho sempre creduto che i libri cambiano le vite, che gli scrittori cambiano le vite, e lo credo ancora», conferma Carmen Callil.

Né loro né le altre avevano, prima di lanciarsi nell'impresa della fondazione di una casa editrice femminista, un'esperienza diretta nel fare i libri, anche se l'italiana e l'australiana, coi libri, ci lavorano: Lepetit in qualità di socia della storica libreria Milano Libri di via Verdi, Callil come pubblicitaria. Anche il gruppo che dà vita alle Edizioni delle donne emerge dal collettivo che gestisce la libreria delle donne La Maddalena, a Roma.

Carmen Callil è diventata pubblicitaria perché l'alternativa di fare la segretaria non l'attirava, e ricorda bene il clima respirato nella redazione di una delle prime riviste con cui ha collaborato: «qualunque cosa noi donne facessimo per "Ink" – ed erano molte – dagli amabili gentiluomini della sinistra hippie eravamo viste come fatine svolazzanti, buone solo a preparare il tè e provvedere del sesso»[10]. Laura Lepetit ha scelto l'altra opzione, quella del corso per segretaria. Ricorda che negli anni cinquanta la norma era che una donna non conoscesse mai l'indipendenza economica, passando dall'essere mantenuta dal padre all'essere mantenuta dal marito. «Non mi vergogno a dirlo perché invece di un vantaggio era un intralcio e un peso difficile da sostenere»[11].

Studentesse, casalinghe, segretarie, insegnanti, piccole impiegate, offrono il proprio tempo libero per dedicarsi volontariamente e gratuitamente alla redazione e a ogni altra mansione richiesta dalla casa editrice, compresa quella di pulirne gli uffici. L'impresa titanica di dar vita a un'editoria femminista è stata possibile anche grazie all'ingiustizia di un mercato del lavoro che non integrava le donne in ruoli e mansioni uguali a quelle degli uomini.

Se il lavoro delle donne fuori dalle mura domestiche è ostacolato, all'interno della casa editrice è rispettato e svolto con amore. Non è nemmeno lavoro in senso stretto perché è, come lo definiscono alle Éditions des femmes, «una pratica politica», di militanza. Una forma di generoso volontariato per la causa globale delle donne. Una cosa che mi sembra importante sottolineare è come l'editoria femminista non abbia affatto chiesto di essere integrata nel sistema di mercato, ma abbia cercato di fare sistema a sé, dotandosi delle regole che provenivano dal movimento di liberazione delle donne e che pensava potessero fare al caso proprio.

«Come casa editrice delle donne siamo costrette a vivere e sopravvivere in un mondo imprenditoriale d'impronta maschile patriarcale» sottolineano con consapevolezza al quartier generale di Frauenoffensive, casa editrice di Monaco. «Ma non siamo costrette ad accettare tutti i loro principi predominanti» proseguono «Pensiamo e realizziamo una fetta di presente militante e utopico»[12].

Cosa rimane oggi di quell'utopia? Dipende da cosa, per editoria femminista, s'intende.

Eravamo partiti da una definizione che, includendo anche il web e i prodotti digitali, era volutamente ampia e universale. Trovo però utile ricordarne anche un'altra possibile: «Intendiamo per editoria femminista la produzione di documenti pubblicati e messi in circolazione da case editrici o gruppi di donne organizzate che partono dall'assunzione della specificità femminile e della differenza sessuale come elementi fondanti nella scelta delle opere da pubblicare e nelle relazioni che praticano»[13].

Specificità femminile e differenza sessuale: Codognotto e Moccagatta pensano l'editoria femminista come un'esperienza fortemente radicata nel femminismo della seconda ondata e così facendo, forse inconsapevolmente, ne decretano la fine assieme alla straordinaria stagione degli anni settanta.

Trovo invece che l'editoria femminista, intesa come un'editoria militante, impegnata in una lotta contro gli stereotipi e la violenza di genere, sia tutt'altro che morta. Lo dimostra la vivacità con cui il settore per l'infanzia ha saputo innovarsi e lo promette il grande, recente ritorno del femminismo sulla scena internazionale.

Penso, però, che quel particolare esempio di editoria – che ha impiegato solo donne e solo donne ha pubblicato, che ha dimostrato come il «secondo sesso» fosse in grado di farcela contando solo sulle proprie forze – sia irripetibile. Oggi un progetto fondato sulla differenza sessuale raccoglierebbe tra le prime critiche proprio quelle del nuovo femminismo intersezionale[14].

È una stagione a cui non mi piace guardare con nostalgia, ma con gratitudine. Di quei tempi non rimangono solo i documenti come fotografie da sfogliare. Ogni donna che oggi viene pubblicata senza stupore, vince un premio letterario, svetta sulla classifica dei best seller, è recensita con attenzione da un critico mentre cinquant'anni fa sarebbe stata ignorata, ha un debito di riconoscenza verso le femministe e le loro case editrici di quegli anni.

«È consolante il fatto che mentre altrove gli spazi si restringono, noi pensiamo ad aprirne uno. È il segno politico che i tempi che ci diamo sono più che mai personali, che il nostro è un tempo non inseguito, non mediato dall'esterno, ma più denso. Questa nostra biblioteca, come tanti altri luoghi femminili, è parte di questo mondo comune delle donne. Qui si intessono rapporti preferenziali in cui l'intelligenza, le intuizioni, le emozioni di una donna hanno voce nel confronto con le altre. Non sono destinate al silenzio, alla svalutazione, al non riconoscimento. Per questo è importante la presenza di tutte, e anche la presenza delle cose che abbiamo raccolto: libri in cui altre donne hanno parlato. Fare degli incontri di giorni, costruire una sede, avere dei luoghi adeguati a superare la separazione tra privato e politico è qualcosa di più sovversivo di una manifestazione appariscente. Fare una biblioteca è coinvolgere molte donne in un lavoro comune. È aprire a tutte uno spazio accessibile di comunicazione e informazione ed è un momento di lotta per un popolo senza scrittura, assente dalla storia, come sono sempre state le donne»[15].

1. LE STAGIONI DEL FEMMINISMO:
DALL'UGUAGLIANZA ALLA DIFFERENZA

«Erano giovani – quasi tutti maschi [...] Sapevano come si faceva un giornale o una rivista, come era organizzata una casa editrice, cos'era una redazione radiofonica o televisiva, come nasceva un film [...]. Conoscevano i nomi di chi contava, le persone da ammirare e quelle da disprezzare. Io invece non sapevo niente, per me chiunque stampasse il suo nome su un giornale o su un libro era un dio. [...] Sputare su Hegel. Sputare sulla cultura degli uomini, sputare su Marx, su Engels, su Lenin. E sul materialismo storico. E su Freud. E sulla psicoanalisi e l'invidia del pene. E sul matrimonio, sulla famiglia»[16] (Elena Ferrante).

In principio fu il movimento di liberazione dei neri. E tra chi chiedeva a gran voce l'abolizione della schiavitù c'erano anche tante suffragiste che, lottando perché cessasse l'oppressione altrui, imparavano a distinguere anche la loro, di oppressione. Poi arrivarono il Novecento, il Vietnam, la contestazione giovanile, la rivoluzione sessuale. Anche stavolta le donne furono coinvolte, ma in retrovia: la prima linea stabilmente occupata dagli uomini. C'era bisogno di un loro movimento: e questo fu il femminismo degli anni settanta. Quei manifesti che, tra le altre cose, chiedevano la fine dell'invisibilità lesbica, sono una delle prime rivendicazioni autenticamente Lgbt. Da un certo punto di vista il movimento per i diritti civili è sempre stato unito, intersezionale. Nello stesso tempo però è anche sempre rimasto separato, ha avuto bisogno di spazi di rivendicazione divisi per ognuno dei gruppi sociali in lotta. Rubando un'efficace metafora alle femministe delle Redstockings, se uno stivale ti schiaccia la testa al pavimento, non perdi tempo a chiederti se il tuo compagno soffra più o meno di te: ma se è lo stesso stivale a opprimervi, la tua liberazione coinciderà con la sua. Quello stivale è il patriarcato. Facciamo un passo indietro.

Ci sono volute due guerre mondiali perché le donne potessero votare. Durante la prima la richiesta del suffragio, avanzata sul finire dell'Ottocento, viene messa da parte in favore di un impegno patriottico avvertito come più urgente. Tuttavia le donne, dimostrandosi in grado di sostituire i mariti nel luogo di lavoro e di curarli quando tornano feriti dal fronte, alla fine del conflitto conquistano il voto in quasi tutta Europa. Gli anni trenta non sono certo un decennio da cui aspettarsi significativi sviluppi, che infatti non ci sono, con l'eccezione della Spagna che, nella breve durata della sua seconda repubblica, riesce a portare alle urne le proprie cittadine.

Dopo la Seconda guerra mondiale, con la caduta delle dittature e a seguito del consolidamento democratico, si ha un'ulteriore estensione del suffragio e, al gruppo di paesi che avevano concesso il voto, si aggiungono prima la Francia, nel 1944, e poi l'Italia. Le italiane, com'è noto, votano per la prima volta nel 1946. Per un momento ci si illude che tutto sia compiuto. Il femminismo sembra inutile, non lo si nomina neanche più: la parola «emancipazione» viene sostituita dall'espressione «armonico equilibrio», che dietro la patina di lirismo un po' stucchevole, formula una richiesta ben precisa. Intende pretendere che la donna sappia destreggiarsi tra casa e lavoro: insomma, nuovi compiti sì, ma a patto di non trascurare i tradizionali. Perché la felicità di una femmina, così dicono tutti, è nella cura della casa e dei figli e, se esperti e psicoanalisti concordano, sarà pur vero.

A smentire la realtà di quest'affermazione giunge invece l'indagine della femminista americana Betty Friedan, che in *The Feminine Mystique* (1963) pubblica i risultati di quindici anni di interviste a donne bianche e borghesi, scoprendo che, malgrado l'immagine di felicità ossessivamente propagandata dai media, tra loro si nascondono delle vere e proprie *Desperate Housewives*: mogli che con l'abuso di alcol o psicofarmaci tentano di cancellare le ambizioni rimaste inespresse, il senso di vuoto che le assale dopo aver lavato i pavimenti, il sentirsi, tra le mura domestiche, non meno alienate del lavoratore in fabbrica di Marx. Ma se Betty Friedan aveva svelato l'inganno della mistica della femminilità, di lì a pochi anni un gruppo di femministe ne celebrerà addirittura il funerale. «Sebbene la Femminilità Tradizionale sia stata una dama di eccezionale costituzione» recita l'orazione funebre di Kathie Amatniek «l'impressionante vecchia è finalmente morta oggi»[17].

«Oggi» è il 15 gennaio 1968. La Jeannette Rankin Brigade, che si chiama così in onore alla prima americana eletta al Congresso, ha organizzato una manifestazione pacifista di protesta contro la guerra in Vietnam. Oltre cinquemila donne hanno risposto all'appello, sorprendendo quanti pensavano che sarebbero rimaste in casa a badare a mariti e figli. Non si vedeva un'adunata così dai tempi delle suffragiste. Ad alcune delle presenti, però, risulta subito evidente l'ingenuità dei propositi delle promotrici. «Fin dall'inizio pensavamo che questo tipo di azione, sebbene ben intenzionata, alla fine si sarebbe rivelata inutile. È ingenuo credere che le donne, che in questo paese non sono viste, ascoltate o rappresentate politicamente, possano cambiare il corso di una guerra semplicemente facendo appello ai sentimenti migliori dei membri del Congresso»[18].

Oltre all'utopia degli intenti, un'altra cosa che disturbava profondamente questo gruppo di manifestanti era il fatto che la Jeannette Rankin Brigade, nel rivolgersi ai membri del Congresso, lo facesse con toni da supplice, interpretando esattamente il ruolo che i governanti si aspettavano che le donne interpretassero. Più che a sovvertire il sistema, le femministe della Jeannette Rankin ambivano a far ascoltare la propria voce all'interno di uno scenario che in fondo era accettato così com'era, o che al massimo sognavano di riformare, non certo di ribaltare. Il femminismo di Shulamith Firestone è invece di tipo radicale. Nello scontro tra la Jeannette Rankin Brigade e quello che diventerà il gruppo delle Redstockings, decisamente minoritario e guardato dalle altre con un insieme di curiosità e sospetto, è già possibile scorgere la crisi del modello egalitario e l'insorgere di un femminismo nuovo, più spregiudicato e originale. È il femminismo degli anni settanta. Eccolo di nuovo in azione. Cambio di scena, siamo a Parigi, siamo in Europa. È il 26 agosto 1970. Stavolta le manifestanti non sono migliaia ma una scarsa decina, sufficiente però a smentire quanti credono che le manifestazioni anche poco partecipate non servano a niente e a dar vita invece a un'azione fortemente simbolica, con cui è fondato l'MLF, il Movimento di liberazione della donna francese. E, che sia stata un'eco dell'iniziativa delle sorelle americane o altro, anche questa volta c'entrano qualcosa un morto e un funerale. Una corona di fiori viene infatti condotta verso l'Arc de Triomphe, scortata da cartelli che recitano UN UOMO SU DUE È UNA DONNA, perché sia deposta sul monumento al milite ignoto. Che non ne è, però, il destinatario. La corona infatti è diretta a colei che è LA SOLA AD ESSERE PIÙ SCONOSCIUTA DEL MILITE IGNOTO, LA SUA DONNA[19]. L'omaggio floreale non arriva nemmeno a destinazione: intercettato dalla polizia, viene rimosso, i cartelli piegati, le manifestanti sollevate di peso e condotte altrove. Ma sono in buona compagnia.

In Italia, infatti, già dal 1966 è attivo il Gruppo di Demistificazione Autoritarismo patriarcale, il Demau, fondato a Milano da Daniela Pellegrini. Nel 1969 è nato il Movimento di liberazione della donna, in contemporanea, quindi, con il movimento francese e il Women's Liberation Front britannico. Nel 1970 Carla Lonzi ha dato vita a Rivolta Femminile, primo tra i gruppi italiani a essere aperto solo alle donne, ad applicare cioè la regola del separatismo. Nello stesso anno, Serena Castaldi con Anabasi ha introdotto, importandola dagli Stati Uniti, la tecnica dell'autocoscienza. E poi, ben oltre quel vivo centro che è Milano, nascono collettivi in tutto il paese: Il Cerchio spezzato a Trento, Lotta femminista a Padova, Pompeo Magno a Roma, Le Nemesiache a Napoli e tantissimi altri, ovunque.

Tutti questi gruppi coltivano, sempre più consapevolmente, l'intenzione di scardinare i rapporti di genere. Mettono infatti in discussione l'idea del matrimonio come destino ineluttabile, chiedono ai coniugi di condividere i compiti domestici, domandano l'apertura di asili nido, rifiutano i canoni di bellezza imposti dal diktat patriarcale, rivendicano l'orgasmo – rivendicano il diritto, cioè, a godere del rapporto sessuale –, denunciano lo stupro, l'incesto e la violenza sessuale, combattono per l'aborto. Tra loro ci sono, però, alcune differenze di vedute: il femminismo degli anni settanta non è stato quel monolite che appare se lo si osserva con la lente del tempo. Per esempio, tornando all'orazione pronunciata durante il Funerale della femminilità tradizionale, scopriamo questa riflessione a proposito della donna[20]: «Sebbene gli scienziati classifichino questo esemplare entro la specie dell'*Homo sapiens*, per molti anni [...] mentre l'essere umano era distinto come un animale che si era liberato dei suoi limiti biologici sviluppando la tecnologia e ampliando il suo sapere, la femminilità tradizionale è stata riconosciuta, definita e apprezzata esclusivamente per le sue caratteristiche biologiche e per quelle funzioni sociali ad esse strettamente correlate».

Sembra che le femministe radicali auspicassero che in futuro il dibattito sul genere femminile fosse meno focalizzato sulle caratteristiche biologiche del sesso. E invece il pensiero della differenza sessuale, che muove dal femminismo radicale e diventa la corrente di maggior successo negli anni settanta, fa esattamente il contrario; vira cioè proprio verso un recupero del genere biologico. Stavolta, però, non declinato esclusivamente al maschile, di cui anzi è denunciata la falsa universalità, la falsa neutralità. I sessi sono due. Scriveva, a tal proposito, Luce Irigaray: «La specie umana è divisa in due generi, che ne assicurano la produzione e la riproduzione. [...] La cosa importante è definire valori di appartenenza a un genere per ciascuno dei due sessi. È indispensabile elaborare una cultura del sessuale, che ancora non esiste, nel rispetto dei due generi»[21].

Quando penso al femminismo di quegli anni mi vengono certo in mente alcuni traguardi importantissimi – il divorzio, l'aborto, la riforma del diritto di famiglia. Tra tutti, però, ce n'è uno meno celebrato e che mi è più caro, perché ha reso possibile il raggiungimento di questi successi e ne renderà possibile, speriamo, quello di molti altri.

Per illustrarlo chiamo in soccorso Virginia Woolf. Vi chiedo di immaginarla così come si descrive in *Una stanza tutta per sé*, quando distrattamente sconfina in un territorio riservato agli uomini: un prato, dove potevano sostare solo gli studenti e i professori di Oxbridge[22], e da cui è condotta via da un custode. Oppure un attimo dopo, quando le porte della biblioteca del college rimangono chiuse per lei, perché le donne sono ammesse solo dietro richiesta scritta di un professore. O infine quando, a Londra, nella biblioteca del British Museum, dove da studiosa diligente si è recata per documentarsi sul tema «La donna e il romanzo», compie la stupefacente scoperta che sulle donne è stato scritto moltissimo, e quella meno stupefacente che quasi nulla è stato scritto dalle donne.

Il soggetto donna attrae non solo i biologi, ma anche «i piacevoli saggisti, i romanzieri dal tocco leggero, i giovani che hanno preso la laurea in lettere; altri che non hanno preso nessuna laurea», persino coloro che, secondo Virginia, per scriverne «non hanno alcun titolo apparente tranne quello di non essere donne»[23]. E sono arrivata al punto. Il successo degli anni settanta, che bisognerebbe riscoprire, custodire e difendere, è la conquista, per le donne, del diritto di parola. Perché fosse raggiunto le case editrici femministe hanno giocato un ruolo fondamentale; eppure le loro vicende non sono popolari né tra i lettori comuni, né tra le femministe, né tra i professionisti dell'editoria. Ma è anche grazie a loro che per prime hanno intuito il valore dei libri delle donne che, se Virginia Woolf entrasse in una biblioteca oggi, ne verrebbe via con le braccia cariche e una sensazione diversa.

2. L'EDITORIA FEMMINISTA IN EUROPA

Gli anni settanta e ottanta registrano la nascita di moltissime case editrici femministe. Il fenomeno attraversa i continenti – l'Europa, gli Stati Uniti, l'Australia – ma, pur essendo ampio nei confini, convincente nei numeri, è straordinariamente contemporaneo e circoscritto nel tempo. La maggior parte di queste case infatti nasce tra il 1973 e il 1976.

Durante gli anni ottanta alcune delle protagoniste della prima ora abbandonano il campo, ma sono sostituite da altre nuove venute e il fenomeno non sembra arrestarsi.

Nei soli Stati Uniti, nel 1991 si contano sessantaquattro case editrici rette da donne, con una prospettiva e un'agenda femministe[24]. In Australia ce ne sono altre dodici[25]. E il vecchio continente? Appena più basso di quello americano è il numero delle sorelle europee, con sessantatré case elencate dal prezioso censimento di Virginia Clark del 1986. La studiosa, però, prende nota solo delle imprese esistenti, non tenendo in considerazione quelle storiche che hanno cessato l'attività[26].

Eppure di tutta questa straordinaria fioritura non rimangono che poche, sparpagliate notizie. In generale infatti l'universo dell'editoria femminista non si è dimostrato in grado di dotarsi di una struttura abbastanza organizzata da funzionare come fonte d'informazioni su se stessa. Durante la Fiera del libro di Francoforte del 1981 un'editrice statunitense, Persephone Press, aveva annunciato il progetto di un'associazione internazionale di editrici femministe, che prevedeva una sede centrale, riunioni annuali e la pubblicazione di una rivista. Non se ne fece nulla. A parte le immaginabili difficoltà per imprese piccole, di solito scarsamente finanziate, oberate di lavoro, con un personale impiegato su base volontaria, l'ostacolo maggiore alla realizzazione di una struttura simile è da individuarsi proprio in una generale opposizione interna al concetto di organizzazione in quanto tale.

Le organizzazioni sono infatti viste come inevitabilmente gerarchiche, quindi patriarcali ed egemoniche, pertanto fondamentalmente incompatibili col femminismo stesso.

Così come il femminismo è un movimento che intende rovesciare il sistema patriarcale, anche la sua rappresentanza nel campo della stampa intende rovesciare il sistema dell'editoria tradizionale. O, per meglio dire, dar vita a un circuito parallelo, femminista e separato. Alla prima Women in Print Conference, appuntamento che riunisce le operatrici americane del nuovo settore, tra le partecipanti si diffonde un entusiasmo tale da convincere molte «che se le donne avessero posseduto giornali, riviste, case editrici e tipografie, così come società di distribuzione e librerie, le loro parole non avrebbero potuto essere soppresse»[27]. Attacchi contro gli «editori capitalisti» si incontrano quasi in ogni discorso fondativo di queste case editrici. Più tardi considereremo il peso che avranno nella struttura che le Éditions des femmes si sono date nei primi anni, mentre già adesso possiamo leggere le parole che, nel 1975, accompagnano la nascita di Frauenoffensive, casa editrice di Monaco[28]: «È vero che anche le case editrici guidate dagli uomini, particolarmente durante l'anno dedicato alla donna[29], pubblicano volentieri letteratura femminile, tollerata con benevolenza come una gita alla moda che porta un profitto. Il principio degli editori uomini consiste tuttavia nell'individuazione e nella commercializzazione del già pronto e del best seller. Noi invece vogliamo qualcosa di diverso: costruiamo un rifugio per sviluppare e praticare delle forme di pensare e praticare nuove. La casa editrice Frauenoffensive è quindi un primo passo per la costruzione di una cultura femminile autonoma e delle sue risorse: librerie, cinema, istituti di ricerca e centri medici».

Discorso, questo sugli editori uomini e la loro ricerca del libro perfetto, che potrebbe essere completato con l'intento annunciato appena qualche mese prima dalle Éditions des femmes di pubblicare tutte «le rifiutate, le censurate, le respinte delle edizioni borghesi»[30].

Fortunatamente, anche in assenza di una solida organizzazione istituzionale, le case editrici femministe erano in contatto tra loro e avevano formato delle reti che ci aiutano, almeno in parte, a conoscerne la storia.

Per dieci anni, dal 1984 al 1994, con una cadenza biennale, sono state organizzate sei edizioni di una fiera del libro femminista, l'International Feminist Book Fair. La prima è ospitata a Londra (1984), le seguenti a Oslo (1986), Montréal (1988), Barcellona (1990), Amsterdam (1992) e Melbourne (1994).

Grazie alla cronaca di Dacia Maraini, inviata alla prima edizione dal quotidiano «la Repubblica», possiamo oggi sapere che la fila, fuori e dentro il mercato di Covent Garden, è tale da non consentire di sostare davanti alle bancarelle dei libri più di qualche secondo[31]. I temi che animano la settimana di fiera sono gli stessi che interessano il femminismo di quegli anni: la disputa tra le sostenitrici della differenza sessuale e quelle dell'uguaglianza; il modo in cui il marxismo considera le donne; il Terzo Mondo; la scrittura femminile. Si discute del problema dell'identificazione con i personaggi femminili dei libri scritti dagli uomini. Si condanna il silenzio dei recensori attorno al libro femminista, ignorato o al più affidato a qualche donna che, per farsi apprezzare dai datori di lavoro, lo stronca spietatamente. E ancora, ci si interroga sul perché le scrittrici, anche non femministe, pur avendo un loro pubblico, nel momento della sistemazione accademica in saggi universitari e antologie, vengano messe da parte, andando incontro alla stessa sorte di invisibilità che era prima toccata ai loro libri.

A Londra la rappresentanza di donne provenienti dai paesi in via di sviluppo è tale da impressionare favorevolmente Maraini.

Non è dello stesso avviso la poetessa Audre Lorde, per cui la fiera, invece, è stata «mostruosamente razzista»[32]. Anche lei, come la scrittrice italiana, è inizialmente colpita dalla presenza di autrici keniote, marocchine, nigeriane, indiane e sudamericane; ma denuncia come a fronte di tanto riguardo nei confronti dell'ospite straniera, le organizzatrici abbiano sorprendentemente trascurato di coinvolgere la comunità nera locale, tanto che le è impossibile avere un confronto con le «black feminists of England» che avrebbe voluto conoscere: il pubblico è composto esclusivamente da donne bianche. «Ho realizzato che le donne che avevano organizzato la fiera credevano sinceramente che invitare alcune scrittrici nere straniere bastasse ad assolverle da qualsiasi errore nel modo in cui si occupavano di donne nere»[33].

Lorde conclude comunque le sue critiche con l'auspicio che le prossime edizioni possano farne tesoro. E così sembra, in effetti: il multiculturalismo è stato un valore coltivato attentamente dall'International Feminist Book Fair.

Esemplare in questo senso la terza edizione, che si svolge a Montréal dal 14 al 22 giugno 1988 e il cui programma, insieme al catalogo, è redatto in tre lingue. Anche le conferenze vengono tradotte simultaneamente in francese, inglese e qualche volta in spagnolo, mentre i paesi rappresentati in totale sono cinquantadue, dalla A di Argentina alla Z di Zimbabwe. Fatti, questi, che contribuiscono al record di presenze di oltre seimila donne provenienti da tutto il mondo, che affollano il campus dell'università dove si svolge la manifestazione. Dopo la due giorni dedicata interamente alle operatrici del settore, giovedì 16 giugno si apre al pubblico. Tema della giornata è «La memoria», cui seguiranno venerdì «Il potere» e sabato «Strategie del pensiero femminista».

La sesta edizione dell'International Feminist Book Fair, che approfondisce i temi della scrittura indigena, del Pacifico e dell'Asia, viene organizzata presso il Royal Exhibition Building di Melbourne, dal 27 al 21 luglio 1994. Il luogo testimonia il successo che un oggetto apparentemente così settoriale come il libro femminista ha raggiunto, ma anche la sua fragilità: la fiera di Melbourne, annunciata con grande orgoglio come la prima organizzata nell'altro emisfero, è pure l'ultima.

Anche negli Stati Uniti si sono tenuti, annualmente, degli incontri tra le editrici, le libraie, le società di distribuzione e le riviste femministe del paese. Si tratta delle Women in Print Conference (WIP), la prima delle quali viene organizzata nel 1976 tra le praterie del Nebraska. Le socie della Daughters, Inc. June Arnold e Parke Bowman hanno l'idea di una conferenza nazionale e decidono di organizzarla al centro degli Stati Uniti, in modo che sia fisicamente raggiungibile da un'analoga distanza per le americane della costa del Pacifico e per quelle dell'Atlantico. Partecipano centoventisette donne rappresentanti di settantatré imprese o gruppi, con l'obiettivo di conoscersi e scambiare strategie, discutere problemi e individuare soluzioni, ma soprattutto di rafforzare la propria rete di operatrici femministe. Ci sono state altre due Women in Print Conference, una a Washington nel 1981 (duecentocinquanta donne), l'ultima a Berkeley, in California, nel 1985.

In questo panorama che ormai si è scoperto così vasto e variegato, è possibile, certamente, trovare alcuni punti in comune tra le case editrici femministe.

Il primo riguarda i metodi di finanziamento.

Virginia Clark mette insieme la tendenza, già discussa, al rifiuto delle più comuni forme di organizzazione con quella al rifiuto dei più comuni metodi di finanziamento. A me sembra che si possa dire, più semplicemente, che queste case editrici dipendono dalla buona volontà e dall'impegno delle loro associate, che possono essere dimostrati in molti modi: oltre che col ricorso al lavoro volontario e gratuito, anche con un investimento da parte di una socia che ne abbia la possibilità (è il caso della mecenate Sylvina Boissonas per le Éditions des femmes). Altrimenti possono essere tutte le socie ad autotassarsi e a garantire la sopravvivenza della casa: è il famoso sistema delle quote adottato, tra le altre, dalle Edizioni delle donne e dalla spagnola La Sal, che a tal proposito spiega come le sottoscrizioni permettano «di non essere legate agli imperativi commerciali e di pubblicare i libri che riteniamo interessanti, anche se non hanno grande diffusione»[34].

Inoltre, con un po' di fortuna, il successo di un libro pubblicato all'inizio dell'attività editoriale può aiutare il proseguimento della stessa o – è l'eccezionale caso di Frauenoffensive – addirittura permetterne l'indipendenza. Le otto fondatrici, infatti, sono legate finanziariamente a un editore di sinistra quando Verena Stefan le raggiunge per proporre loro il manoscritto di *Häutungen* che, pubblicato e presentato alla Fiera di Francoforte nell'ottobre del 1975, esaurisce subito tremila copie e pochi mesi dopo permette al collettivo di abbandonare l'editore.

Grazie alle vendite che non accennano a diminuire, e che nel 1979 superano il traguardo delle 150 000 copie, Frauenoffensive riesce a proporre nuovi titoli. L'opera è inoltre tradotta in molte lingue, tra cui in italiano dalle Edizioni delle donne, col titolo *La pelle cambiata*, appena un anno dopo l'edizione originale, e in inglese nel 1979 da The Women's Press, con il titolo *Shedding*.

L'esempio ci introduce direttamente a un secondo e forse ancora più interessante punto in comune tra queste case editrici, ovvero le scelte di pubblicazione.

Può sorprendere, ma le editrici femministe non pubblicano in prevalenza testi d'impegno, «libri ideologici» per rubare un'espressione alle Edizioni delle donne. Un esame dei cataloghi delle case europee da parte di Virginia Clark ha dimostrato infatti, senza ombra di dubbio, che preferiscono le *belles lettres*, cioè romanzi e poesia, oltre a moltissime autobiografie. Questa categoria occupa da un terzo a metà dei titoli in catalogo.

Un'altra tendenza comune è quella delle traduzioni. E in genere, quando si sottolinea l'importanza delle traduzioni per le editrici femministe, si ricorda sempre l'impegno di Frauenoffensive: più della metà del suo catalogo infatti è costituito da testi tradotti.

Il fatto che sia difficilissimo identificare una lingua o un paese più presenti di un altro dimostra l'assenza di un'egemonia culturale, insieme alla volontà di allargare i propri orizzonti. Prova ne è anche la frequente pubblicazione di testi sul Terzo Mondo, a volte scritti da un collettivo di donne del paese interessato. Le Éditions des femmes ne realizzano addirittura una collana, «Femmes de tous les pays».

Anche i testi di letteratura lesbica, o diretti a un target di donne che amano altre donne, si incontrano di frequente tra i cataloghi di tutte le editrici. Se ciò ha a che fare sicuramente con l'intento di esplorare la femminilità da ogni angolatura, è anche vero che in un momento in cui gli editori generalisti accolgono le tematiche femministe e pubblicano volentieri i testi delle donne, quella lesbica continua a essere una nicchia di mercato libera dalla concorrenza.

Dopo aver visto cosa pubblicano, è arrivato il momento di capire chi sono queste editrici.

Nella sola Londra, alla fondazione di Virago (1973) sono seguite quelle di Onlywomen (1974), The Women's Press (1978) e, negli anni ottanta, di Sheba (1980) e Pandora (1984). In Scozia è presente dal 1980 l'editrice Stramullion.

La prima ad aprire in Irlanda è invece Arlen House, fondata nel 1975 da Catherine Rose a Galway, trasferitasi a Dublino tre anni dopo e rilanciata nel 2000 di nuovo a Galway. Oggi non pubblica più solo testi di donne, anche se l'interesse per il femminismo e gli studi di genere rimane forte.

Nel 1984 una nuova casa editrice, Attic Press, è fondata a Dublino dall'attivista Róisín Conroy. Il suo focus è soprattutto sulle scrittrici nazionali. «Per troppo tempo l'Irlanda ha ignorato il pieno potenziale della scrittura delle donne che si è persa tra l'anonimato e la pubblicazione estera. Il nostro obiettivo è recuperare questo materiale e colmare il divario»[35].

In Francia invece, la polarizzazione del dibattito attorno alla disputa tra differenza e uguaglianza è ben testimoniata dalla presenza delle Éditions des femmes di Antoinette Fouque, attorno a cui nasce il polo della differenza, e di Tierce (1977), editrice di riferimento del gruppo di femministe guidato da Simone de Beauvoir.

L'editore generalista Denoël Gonthier inoltre, per aver inaugurato una collana dedicata alle donne nel 1962, reclama di essere il più antico editore femminista al mondo: così recitava un suo poster affisso alla prima International Feminist Book Fair. In effetti «Femme», la collana per lui curata da Colette Audry è, senza dubbio, femminista. Ciò che la distingue dalle imprese degli anni settanta è però proprio la sua collocazione all'interno della proposta di un editore generalista, quando il senso della lotta politica degli anni settanta è precisamente quello di reclamare per le donne, all'interno della società e nel sistema editoriale, uno spazio non subordinato.

Il primato europeo della presenza di case editrici femministe spetta senz'altro, nella Germania ancora divisa, alla Repubblica federale tedesca.

Oltre alla già citata Frauenoffensive di Monaco, di gran lunga la più nota e la più attiva, ricordiamo almeno Sub rosa/Orlanda che, fondata nel 1974 da Dagmar Schultz, se ne considera la sorella berlinese. A lei il merito di aver pubblicato *Macht und Sinnlichkeit* di Audre Lorde e Adrienne Rich, con cui ha introdotto queste autrici al pubblico tedesco. «Quando Audre è arrivata per la prima volta a Berlino nel 1984», ricorda Schultz, «ero l'editrice di Orlanda Press (poi Sub rosa Frauenverlag) e avevamo pubblicato molti dei libri di Audre in tedesco. È venuta a Berlino ogni anno fino al 1992 [...]. Una delle prime domande di Audre dopo l'arrivo a Berlino è stata: "Dove sono le tedesche nere?". Ha presto stabilito stretti contatti con le donne nere»[36].

Tra le editrici tedesche, un notevole scandalo è stato sollevato dall'etichetta Frauenpolitik di Münster, l'unica ad accettare titoli scritti da uomini. La pubblicazione di *Male Sterilization, the Lesser Evil*, di Norbert Ney, suscita riprovazione non tanto per l'argomento, quanto per aver osato la rottura del separatismo. Malgrado quella separatista sia una regola rigidamente osservata, in Europa in realtà Frauenpolitik non è l'unica eccezione; anche le Edizioni delle donne hanno in catalogo il titolo di un uomo, *La dernière mode* di Stéphane Mallarmé.

Una rapida, seppur non esaustiva, panoramica darà l'idea del numero delle editrici tedesche – che alla Fiera di Francoforte del 1978 sono già quindici[37].

A Monaco opera Frauenbuchverlag, casa editrice nata dal movimento studentesco. A Plheim, Feministischer Bucherverlag; a Berlino Lilith e Michiline Poli; a Francoforte extrabuch Verlag e Medea; a Brema, Zeichen+Spuren; a Kiel, Morgenroth è la casa editrice del Frauenpartei, il partito delle donne. Ci sono infine le editrici lesbiche Amazonen di Berlino e Come Out di Monaco.

Non ovunque in Europa la scena è ricca come in Germania. Ci sono paesi con una sola casa editrice. In Austria, la Wiener Frauenverlag di Vienna. In Grecia, l'Ekdotiki Omada Gynekon di Atene; in Portogallo, Das Mulheres di Lisbona; in Spagna, la Sal ediciones de los dones di Barcellona pubblica testi in spagnolo e castigliano.

Per quanto riguarda i paesi scandinavi, mentre in Finlandia esiste dal 1979 la Naisten Kulttuuriyhdistys di Helsinki, in Svezia c'è un editore generalista, Trevi, la cui proprietaria è una donna e il cui catalogo ha una solida reputazione femminista. La Norvegia, stranamente, non registra la nascita di nessuna casa editrice delle donne. In Danimarca, il piccolo borgo di Gadstrup ha Emmeline Press. A Copenhagen ci sono Hekla, Kvindetryck e Høsentryck. Quest'ultima fu avviata da una donna, Kirsten Hofstätter, dopo che il suo libro di cucito era stato rifiutato da un editore: il libro è poi stato tradotto in sei lingue – in inglese da Penguin col titolo *Everybody's Knitting* –, garantendo a Høsentryck di continuare a pubblicare moltissimi testi, inclusi i classici. Il manuale dell'intraprendente Hofstätter è una critica ai canoni estetici e agli ideali di bellezza del tempo. In fondo, anche un libro sul lavoro a maglia può essere femminista.

Infine, un successo più tradizionale ma non meno sorprendente è senza dubbio quello dell'editrice Sara di Amsterdam, che ottiene tre titoli in classifica nell'estate del 1984.

2.1 Regno Unito. Attacco al canone: Virago

«Ho creato la Virago per rompere un silenzio, per far sì che la voce delle donne fosse udita, per raccontare le storie delle donne, la mia storia e la loro. Quando sedevamo a cena negli anni sessanta, ricordo, gli uomini parlavano tra di loro di questioni importanti, mentre le donne rimanevano in silenzio come cubetti di zucchero decorati. Rammento una di queste occasioni in cui ho sollevato il pugno, l'ho sbattuto sul tavolo e ho urlato: "Ho un'opinione sul Bangladesh anch'io!"»[38] (Carmen Callil).

Nel 1978, Carmen Callil, emigrata da Melbourne a Londra nel 1960, ha un'idea destinata al successo. Ha già fondato Virago, la casa editrice femminista più importante del Regno Unito, nel 1973, e da un paio d'anni pubblica come indipendente, essendosi slegata dall'editore Quartet col quale era uscita una decina di titoli di rodaggio.

L'idea di Callil è ambiziosa per un'impresa finanziata esclusivamente dal suo lavoro parallelo come pubblicitaria («uno dei pochi impieghi disponibili a quei tempi per le donne che non volessero fare le segretarie»[39]): quella di una collana di tascabili, sul modello dei celeberrimi Penguin Books, che per primi avevano dimostrato che era possibile accostare il formato *paperback* a titoli di assoluta qualità.

L'operazione di Carmen Callil però, finalizzata al recupero e alla riproposta di opere già edite, sarebbe stata condotta solo in quel segmento trascurato nel mare della letteratura anglofona rappresentato dal contributo femminile. Può sembrare una scelta di nicchia, è invece il frutto di un preciso ragionamento e di una forte volontà di compensazione.

Le donne sono infatti le maggiori acquirenti per il mercato del libro: lettrici più forti, si dedicano alla scrittura con la stessa frequenza degli uomini. Dopo la pubblicazione, però, il libro di una donna è destinato a finire fuori catalogo più facilmente rispetto a quello di un suo collega di pari fama. Quasi mai a entrare nel canone scolastico. Ancora nel 1981, uno dei programmi destinati agli studenti che dovevano affrontare l'*A Level*, l'equivalente del nostro esame di maturità, riusciva nell'impresa di non menzionare nemmeno un'autrice, sebbene la letteratura inglese sia tutto sommato un campo privilegiato, dove il contributo di grandi scrittrici nel corso dei secoli è stato riconosciuto più ampiamente rispetto ad altre situazioni nazionali.

È questo lo scenario che Callil ha in mente quando immagina la sua nuova collezione; lo fa col duplice intento di aprire alla narrativa il catalogo della Virago, finora limitato a titoli accademici e politicamente impegnati, e di valorizzare il contributo letterario femminile del passato, così poco conosciuto al grande pubblico.

Lungi dall'essere quindi una ritirata in una nicchia di mercato sicura, la scelta di pubblicare dei romanzi, oltretutto in un formato più economico e popolare come il tascabile è, per dirla con le parole della fondatrice di Virago, «il modo di illuminare la Storia delle donne con un mezzo che avrebbe raggiunto un pubblico più ampio»[40] o, per citare invece un lettore d'eccezione quale lo scrittore Jonathan Coe, «a boldly political gesture»[41], un coraggioso atto politico.

Malgrado uno degli slogan adottati dalla casa editrice la indicasse come «il primo editore di massa per il 52% della popolazione, le donne», non c'è dubbio che l'affermazione fosse rivolta solo a chi aveva il compito di fornire il testo, le autrici: i lettori, auspicabilmente, sarebbero stati invece sia uomini che donne.

Ma facciamo un passo indietro. Nel 1974, l'assunzione di Ursula Owen aveva garantito alla giovane casa editrice diversi buoni contatti con il mondo accademico. Collaboravano, in qualità di consulenti, alcune studiose che potevano considerarsi già esperte nell'allora nascente disciplina della Storia delle donne. Le accademiche suggerivano titoli e autrici, scrivevano prefazioni, ma fino all'invenzione della nuova collana di narrativa Carmen Callil confessa di provare un certo disagio: sente infatti che il suo compito di editrice non è pienamente soddisfatto. Ciò che desidera veramente è che il grande tema dell'esperienza femminile arrivi al pubblico in una formula più popolare e diretta. Che i lettori possano identificarsi nelle storie che leggono.

È proprio in quegli anni che l'amico scrittore Michael Holroyd insiste perché Carmen conosca il romanzo di Antonia White, *Frost in May*, pubblicato per la prima volta nel Regno Unito nel 1933. Sarà un incontro decisivo. Tra tutti i libri che si può supporre che Callil abbia letto, prima e dopo la sua carriera di editrice, *Frost in May* è destinato a occupare un posto speciale. È il libro con cui l'immedesimazione è più forte, il libro della sua vita. «*Frost in May* ero io», dirà, «dovevo ripubblicarlo»[42].

La ragione di questa profonda identificazione con il romanzo di White è autobiografica. Proprio come Nanda, l'eroina della storia, e come la stessa Antonia White sulla cui infanzia le vicende sono ricalcate, anche Carmen Callil è stata educata in un convento, frequentandone dagli otto ai sedici anni la scuola cattolica gestita dalle suore. Le religiose di Loreto dell'istituto vivevano in semiclausura e seguivano di conseguenza una regola piuttosto dura, che prevedeva sveglie all'alba e silenzio dalla mattina alla sera. Tutte abitudini più o meno estese alle giovani studenti. È facile quindi capire come mai *Frost in May* affascinasse tanto la fondatrice di Virago, che vi aveva ritrovato il clima del collegio della sua giovinezza, insieme a quell'educazione all'obbedienza, alla passività e alla voglia di compiacere i superiori che sono prima accettate con zelo dalla protagonista del romanzo Nanda Gray e che, poi, le si ritorcono contro.

Nanda è, come Antonia – l'episodio è autobiografico –, una giovane donna con una passione appena sbocciata per la scrittura. Sta scrivendo il suo primo romanzo. Pensa di farne un regalo al padre: è convinta che le conquisterà l'approvazione e le lodi del genitore, un protestante convertito al cristianesimo. Anche quella immaginata da Nanda è una storia di conversione. Sfortunatamente, prima che le suore la scoprano, ha il tempo di finire solo la prima parte, quella relativa al peccato. Viene espulsa da scuola e, nella discussione che precede il provvedimento, le è impedito di spiegarsi. Il padre si rifiuta di prendere le sue parti, disconoscendola anzi come figlia[43]. Da quel momento Antonia non riuscirà più a scrivere romanzi. Non si rimetterà alla prova che vent'anni dopo, quando il genitore sarà morto.

Per allora però non si chiamerà più Eirene Botting, suo nome di battesimo, ma Antonia White. «Tony» era il nomignolo da ragazzo scherzosamente attribuitole dalla madre, mentre Eirene era stato scelto dal padre al momento della sua nascita, senza consultare la moglie. Anche White è il cognome da nubile della madre. Con quello paterno, evidentemente, le sarebbe stato impossibile scrivere[44].

In seguito, confiderà a tal proposito di provare una mancanza di fiducia così paralizzante da dover tirare giù i suoi libri dalle loro mensole solo per provare a se stessa di averli scritti e che sono stati davvero stampati, rilegati e letti. «Trovo che molti scrittori sperimentino le stesse inquietudini riguardo al loro lavoro e, al contrario di quanto si suppone, non amino il processo creativo. La gioia della creatività è qualcosa che non ho più provato da quando avevo quattordici anni e che non mi aspetto di sentire di nuovo»[45].

Con Antonia White, dunque, inizia nel 1978 la collezione dei Modern Classic e *Frost in May* non è solo il primo titolo di una serie, ma l'ispiratore di un'intera collana, nata perché Callil lo potesse pubblicare. O meglio, perché potesse pubblicare una raccolta di libri necessari, in cui lettrici e lettori potessero imbattersi facilmente nel romanzo della propria vita, proprio come era successo a lei con *Frost in May*. Un'idea, quella dell'incontro salvifico con un libro, che appartiene a molte delle editrici di cui ci occupiamo, come vedremo a proposito di Laura Lepetit. Ma per il momento, torniamo ai Modern Classic.

Sebbene non sia affatto inusuale che un'iniziativa editoriale nata alla fine del Novecento accosti «classico» e «moderno», vale la pena soffermarsi sulle ulteriori implicazioni di questo titolo, così come sono apparse chiaramente a Jonathan Coe: «C'era qualcosa di molto strano. Sapevo cos'era un classico. Credevo anche di sapere cos'era un classico moderno. E potevo elencarne gli autori, di questi classici moderni: James Joyce, ovviamente, Virginia Woolf, Evelyn Vaugh, e tutti quei nomi familiari. Ma chi diavolo erano queste persone? Dorothy Richardson, F.M. Mayor, May Sinclair, Rosamond Lehmann... Potevo vedere solo due cose che queste misteriose scrittrici avevano in comune. Erano tutte donne, e non avevo mai sentito parlare di nessuna di loro»[46].

La concezione di classico proposta da Virago non coincide affatto con quella del canone scolastico, del quale contesta, se non l'autorità, perlomeno la completezza, proponendosi nei suoi confronti come alternativa e integrazione. Tuttavia quello dei Modern Classic è anche, a suo modo, un canone: l'introduzione di ogni testo da parte di un'autrice contemporanea, insieme alla veste grafica che prevede un'opera d'arte in copertina, servivano proprio a conferire al libro l'aspetto di un classico, a trasmetterne la credibilità e parte del fascino.

È così che AS Byatt scrive le introduzioni per i romanzi di Willa Cather; Victoria Glendinning si occupa di Rebecca West e Vita Sackville West; Polly Devlin presenta ai lettori Molly Keane; Janet Watts perora la causa di Rosamond Lehmann. Nel canone letterario rientrano, per definizione, solo i capolavori. «Ho sempre amato i romanzi imperfetti», scrive invece Callil, ammettendo che in casa Virago «con la parola classico non sempre intendevamo "grande", anche se spesso lo facevamo». Libri belli dunque, non sempre perfetti. Soprattutto divertenti. «La risata era la chiave segreta per ottenere un'istantanea ripubblicazione come Virago Modern Classic»[47].

Non bastava essere stata un'autrice di successo per ottenere un posto nella collana; a pesare, e molto di più, era il modo in cui il complesso dell'opera di una scrittrice si era posto nei confronti dello *status quo*. Su ogni volume pubblicato era impressa la scritta: Virago è una casa editrice femminista. Tanto bastava a motivare esclusioni.

I libri di Dorothy Whipple per esempio, autrice di moda degli anni trenta e quaranta recentemente rivalutata, non entrarono mai a far parte del canone Virago: troppo accondiscendenti, troppo benevoli con l'istituzione matrimoniale, pur individuandone i problemi e gli sbilanciamenti a sfavore della donna. Occupandosi dei tradizionali soggetti domestici e, in anticipo sui tempi, della crisi della coppia, il lavoro di Whipple ha sfiorato il femminismo, ma in ultima analisi non è riuscito ad articolarsi in un chiaro ideale femminista a causa di un atteggiamento tradizionalista sul matrimonio e il ruolo della donna. Il nome della scrittrice era quindi diventato in casa editrice un modo, scherzoso ma efficace, per indicare che un romanzo era considerato reazionario, perciò impubblicabile[48].

Certamente non reazionaria è stata invece giudicata l'opera di Elizabeth von Arnim, che per Natalia Aspesi è una «scrittrice ironica, spregiudicata, fuori da ogni corrente letteraria, spesso crudelissima nel descrivere una società boriosa, superficiale, vecchia, ingiusta, soprattutto verso le donne»[49]. Dopo il successo di *Elizabeth and her Garden*, autentico best seller del 1898 che aveva superato le vendite di autori allora in voga come Maria Corelli e H.G. Wells., Elizabeth si era confermata un'autrice prolifica, dalla voce sicura – pubblicherà altri venti romanzi –, eppure in continua lotta per trovare uno spazio d'affermazione personale e professionale. Se una donna, per scrivere romanzi, «deve avere soldi e una stanza tutta per sé», come sostiene Virginia Woolf, si potrebbe dire che Elizabeth von Arnim avrà un giardino, quel rifugio che ritorna in molti dei suoi libri, dal primo fino a *The Benefactress* (Il circolo delle ingrate). Ma il percorso sarà lungo.

Nell'Inghilterra dell'Ottocento la donna sposata era, per usare le parole del filosofo John Stuart Mill, una schiava legalmente sottomessa al marito[50]. A lui spettavano i guadagni del lavoro manuale o intellettuale svolto dalla moglie, eventuali case o terreni ereditati dalla donna; persino la scelta se fornire o negare il consenso a intraprendere un lavoro, ad affittare o vendere un bene.

Contrarre matrimonio significava per una donna scomparire agli occhi della legge, cessare di essere una persona nella pienezza dei suoi diritti e diventare un individuo posto sotto la tutela del coniuge, una posizione non dissimile da quella che all'interno della famiglia occupavano i figli.

I Married Women's Property Acts del 1870, 1882 e 1893 avevano, pochi anni prima che Elizabeth iniziasse a pubblicare, completamente rivoluzionato la posizione della donna sposata, permettendole di mantenere il possesso dei propri beni: ma fino al secondo matrimonio con Francis Russell (fratello del filosofo pacifista Bertrand), per cui Elizabeth pretese il regime di separazione dei beni, gli ingenti proventi dei suoi romanzi erano stati goduti dal primo marito, il conte Henning August von Arnim-Shlagenthin. Ricordato sempre dall'autrice nella sua opera come «Man of Wrath» (l'uomo dell'ira), si era fieramente opposto alla carriera letteraria della moglie. Non riuscendo a ostacolarla, ottenne almeno che restasse anonima.

A quell'epoca, che una donna pubblicasse sotto pseudonimo era considerata una prassi normale, necessaria a preservare il buon nome della famiglia, persino auspicabile quando, scegliendo di nascondersi dietro un nome maschile, l'autrice avrebbe ottenuto il doppio risultato di proteggere la propria identità e di sperare che il suo lavoro sarebbe stato accolto con più favore. Elizabeth non firmò mai con un nome maschile ma, nata Mary Annette Beauchamp, usò sempre degli pseudonimi, finché non ottenne di integrare il cognome von Arnim. A quel punto, col nome amato con cui si faceva chiamare in famiglia, Elizabeth e, finalmente, un cognome, aveva ottenuto un'identità.

Il successo del 1898 era stato pubblicato con l'unica indicazione del nome Elizabeth per l'io scrivente. I suoi ulteriori romanzi l'indicheranno, semplicemente e anonimamente, come «l'autrice di Elizabeth and her German Garden». Una frase che, dopo aver accompagnato a lungo l'esistenza editoriale di von Arnim, sopravvive persino sui Modern Classic. Nella copertina di *The Pastor's Wife* troviamo infatti la stessa dicitura, sebbene stavolta sia accompagnata dal nome dell'autrice e, posta sotto al titolo, non sembri troppo diversa da una delle fascette con cui gli editori strillano l'appetibilità commerciale di un libro.

Nei romanzi, l'atteggiamento dei personaggi di Elizabeth nei confronti del matrimonio è assai diverso dalla placida rassegnazione suggerita da Dorothy Whipple. Ne leggiamo un esempio, tratto proprio da *Elizabeth and her German Garden*. La protagonista ha appena ottenuto di lasciare Berlino per trasferirsi nella tenuta di famiglia in Pomerania, come aveva fatto la scrittrice qualche anno prima, ed è libera di dedicarsi alla ristrutturazione della casa e dell'enorme giardino: «La prima parte di quel periodo di beatitudine fu la più perfetta, perché non avevo null'altro a cui pensare tranne che alla pace e alla bellezza che mi circondavano. Poi comparve colui che ha il diritto di apparire come e quando vuole e mi rimproverò per non aver mai scritto, e quando gli risposi che ero stata letteralmente troppo felice per pensare a scrivere parve prendere come una critica, che lo colpiva di riflesso, la considerazione che potevo essere felice da sola»[51].

Elizabeth von Arnim, Antonia White, ma anche Sylvia Townsend Warner, Mary Webb e tutte le altre scrittrici pubblicate per prime tra i classici Virago. Cos'hanno in comune tra di loro? L'accusa delle femministe è che siano tutte scrittrici bianche e borghesi, selezionate nei Modern Classic per piacere a lettori dello stesso gruppo socioeconomico. I quali, effettivamente, le scelgono volentieri.

In piena èra Thatcher, con le ultime velleità imperiali messe a rischio dalla guerra delle Falkland[52] e una forte conflittualità sociale, «la nazione stava cominciando a rifugiarsi in fantasie nostalgiche di eleganza e privilegio», per usare le parole di Jonathan Coe. Dato il clima, prosegue Coe, «molte delle ristampe Virago sono state squisitamente scelte, offrendo come hanno fatto la soddisfazione di sapere che si stava facendo la nostra parte per la politica di genere [...]

insieme a una buona dose di evasione vecchio stile»[53]. Possiamo quindi pensare che, quando Carmen Callil individua come qualità indispensabile ai suoi classici la risata, intenda proprio riferirsi all'evasione.

L'accusa delle femministe di aver prodotto un canone nazionale di scrittrici bianche e borghesi stride oggi con lo slogan che campeggia accanto al logo Virago, che di sé dice di essere un'editrice «internazionale di libri scritti da donne».

In realtà, a partire proprio da quelle critiche, di cui ha saputo riconoscere la validità, Virago ha intrapreso un grosso sforzo per internazionalizzare il proprio catalogo, fuori e dentro i Modern Classic.

Per esempio, ha ristampato *Their Eyes Were Watching God* (1986) dell'afroamericana Zora Neale Hurston (1891-1960) e ha pubblicato importanti scrittrici dell'Asia del Sud come Shashi Deshpande, *That Long Silence* (1988) e *The Biding Vine* (1993); scrittrici sudafricane come Nadine Gordimer (1923-2014) *Occasion for Loving* (1983) e *The Lying Days* (1983); e Zoë Wicomb, *You Can't Get Lost in Cape Town* (1987). Ma più di ogni altra cosa, è stata l'editrice dell'autobiografia in sette volumi della poetessa Maya Angelou (1928-2014), attivista che ha lavorato a fianco di Martin Luther King e Malcom X. *I Know Why the Caged Bird Sings* (1984), il primo volume, è stato un best seller internazionale che ha venduto milioni di copie, tradotto in molte lingue. L'ultimo volume, *Mom & Me & Mom*, è stato pubblicato da Virago nel 2013, un anno prima della scomparsa della scrittrice. Nonostante sia un'autrice contemporanea, i romanzi autobiografici di Angelou hanno trovato posto tra i Modern Classic. Infatti, mentre era impegnata a riscoprire e ristampare testi fuori commercio di molte autrici, la serie dei classici pubblicava anche testi contemporanei, selezionati sulla base delle probabilità di divenire classici del futuro. Tra questi, ricordiamo i cinque romanzi di Angela Carter (di cui Virago propone tra le novità anche la controversa polemica sul sesso *The Sadeian Woman*) e i romanzi sulle vite delle donne della classe operaia di Pat Baker, *Union Street* (1982) e *The Century's Daughter* (1986), più tardi intitolato *Liza's England*.

Nel 1979, l'acquisizione dei diritti per l'opera della scrittrice canadese Margaret Atwood porta alla casa editrice femminista longevità e credibilità internazionale. Il suo lavoro viene pubblicato contemporaneamente sia nei Modern Classic sia tra le novità: i primi ripropongono i romanzi già editi, mentre gli ultimi romanzi della scrittrice vengono lanciati tra le novità grazie all'accordo con André Deutsch.

Dopo questo lungo sforzo di internazionalizzazione del proprio catalogo, l'inclusione di scrittrici straniere permetteva alla Virago «di presentarsi, in maniera sempre più convinta, come un'editrice cosmopolita in un campo, quello della letteratura anglofona, che stava esso stesso diventando meno nazionale e più internazionale»[54].

2.1.1 Le copertine

Coerentemente col desiderio di rivolgersi a un pubblico sia maschile che femminile, si decise che le copertine dei classici sarebbero state verdi: un colore ben distinguibile tra gli scaffali delle librerie, diverso dalle proposte di altri editori, né rosa né blu, libero da qualsiasi implicazione di genere. La scelta del colore si è rivelata talmente azzeccata da risultare difficilmente sostituibile: nonostante nel corso del tempo le copertine dei Modern Classic siano andate incontro ai necessari adeguamenti di gusto, e oggi siano improntate su una maggiore varietà, è ancora ai primi dorsi verde bottiglia che si pensa quando si pensa alla Virago.

In questa impostazione originale della copertina, in alto, una griglia formata da tre righe bianche divideva l'indicazione della collana – più piccola, di un verde acido – dal nome dell'autrice e dal titolo dell'opera, che occupavano lo stesso spazio. Era infatti essenziale che nomi poco noti ai lettori fossero stampati a caratteri grandi, per far in modo che iniziassero a diventare familiari.

La griglia prendeva un terzo della pagina, mentre i restanti due terzi erano occupati da un'illustrazione. La scelta iconografica delle copertine Virago è talmente ricca che meriterebbe uno studio a sé: mi limiterò a evidenziare almeno alcuni aspetti essenziali.

In accordo con una raccolta che presentava autrici sconosciute al grande pubblico, le copertine evitavano le strade principali e i riferimenti più ovvi, canonizzati, della storia dell'arte, preferendo sentieri meno battuti. Per i romanzi di Elizabeth von Arnim[55], autrice del già citato best seller del 1898 *Elizabeth and her Garden*, il rimando è alla tecnica del puntinismo. Non alle opere di Seurat e Signac, che ne hanno determinato l'invenzione e il successo, ma ai quadri del meno conosciuto pittore belga Theo Van Rysselberghe. Il suo *In luglio, prima di mezzogiorno* è sembrato perfetto per raffigurare l'assolato giardino tanto amato dalla protagonista del romanzo e dalla stessa autrice. In esso, alcune donne sono dedite al ricamo e più che seguire qualche schema sembrano ritrarre dal vivo certi fiori appena colti posati su un tavolo davanti a loro. L'impressione di luminosità dell'ora meridiana è acuita dalla presenza dei cappelli di paglia. Una delle donne del gruppo è forse la stessa che torna, solitaria, nel più semplice *La sarta*, del medesimo pittore. Ritratta stavolta di tre quarti, mentre prima stava di spalle, è stata scelta per raffigurare la moglie del pastore nella copertina del romanzo *The Pastor's Wife* di von Arnim.

Puntinista è anche la copertina di *The Solitary Summer* (Un'estate da sola), romanzo del 1899, sebbene stavolta la preferenza non sia più accordata a Van Rysselberghe ma a una pittrice, Maria Vorobev (che firmava i quadri come Marevna): l'opera è la natura morta *Anemones in Bunch*, e Maria Vorobev un'artista nota per la particolare combinazione di elementi cubisti con il puntinismo.

Che siano state le atmosfere aeree e luminose del divisionismo a suggerire l'accostamento ai giardini di Elizabeth von Arnim, oppure il dato cronologico – la corrente nasce negli anni novanta dell'Ottocento, il decennio in cui escono i primi romanzi di von Arnim, pittori e autrice appartengono quindi allo stesso periodo –, la scelta non appare casuale.

Come suggerisce il caso di Marevna, quando possibile, le redattrici di Virago si indirizzano su una pittrice, estendendo anche alle illustrazioni il lavoro di valorizzazione del contributo femminile intrapreso con le autrici. Una scelta assai felice è stata quella di abbinare una serie di tele di Gwendolen John, variamente intitolata *La convalescente* o *La lettera*, alla serie dei romanzi di Dorothy Richardson, dal titolo *Pilgrimage* (Pellegrinaggio).

Richardson non è un'autrice che sia rimasta ignota ai suoi contemporanei. Della sua prosa Virginia Woolf ha scritto:

«Non esiste una parola, come romanticismo o realismo, che copra, anche grossolanamente, le opere di Dorothy Richardson»[56]. La parola, o meglio la definizione che Woolf cercava, era stata in realtà trovata da May Sinclair qualche anno prima, ed è l'espressione *stream of consciousness*, che tutti conosciamo in riferimento ai romanzi di Joyce o della stessa Woolf ma che, per la prima volta, è stata usata in letteratura proprio in una recensione dei primi tre romanzi che compongono *Pilgrimage*. Parc che Richardson non apprezzò la definizione, trovandola una di quelle etichette utili più alla critica letteraria che al lettore. A ogni modo l'espressione rendeva bene la novità di una storia narrata seguendo solo il ritmo dei pensieri della sua protagonista. «In questa serie», scrive May Sinclair, «non c'è dramma, nessuna trama, alcuna ambientazione. Non succede nulla. È solo la vita che va avanti. C'è solo il flusso di coscienza (lo *stream of consciousness*, appunto, [N.d.A.]) di Miriam Enderson che prosegue. Non ci sono neppure un inizio, un centro o una fine distinguibili». Né avrebbero potuto esserci facilmente, essendo *Pilgrimage* una sorta di romanzo *in fieri*, una narrativa in divenire che ha la necessità di svolgersi mentre la vita dell'autrice prosegue.

Troppe infatti sono le implicazioni tra la protagonista Miriam Henderson e la scrittrice Dorothy Richardson, tante che dall'esordio del 1915 *Pointed Roofs* sino all'episodio conclusivo *March Moonlight*, pubblicato postumo, non c'è vicenda rilevante della trama che non abbia un preciso corrispettivo nella biografia dell'autrice.

Così la difficile situazione economica in cui si trova la famiglia di Miriam all'inizio del racconto è risolta allo stesso modo in cui Dorothy, diciassettenne, ha affrontato la bancarotta del padre: cercando lavoro come governante in Germania. In seguito Miriam/Dorothy rientrerà in casa per assistere la madre depressa, accetterà faticosamente il suicidio di quest'ultima, si trasferirà a Londra dove entrerà in contatto con vari gruppi politici e religiosi: tutti episodi che formano la sua identità di donna e di persona, e che troveranno posto negli altri volumi della serie.

Nel corso degli anni quaranta, questa scrittrice, che secondo Virginia Woolf «ha inventato, o, se non inventato, sviluppato e applicato ai propri scopi una frase che potremmo chiamare l'enunciato psicologico del genere femminile»[57], è destinata a finire nel dimenticatoio. Trasferitasi in una casa di riposo dopo la morte del marito Alan Odle, leggenda vuole che le infermiere interpretassero come un segno di demenza senile la pretesa della signora di essere stata una grande scrittrice. Una che poteva dialogare alla pari con i contemporanei, e sottoporre al giudizio del suo acuto ingegno i predecessori vittoriani.

L'inserimento di Virago nel canone dei Modern Classic le restituisce, almeno in patria, parte dell'attenzione che merita. *Pilgrimage* viene pubblicato in quattro volumi, ciascuno con un'illustrazione di Gwen John in copertina. A un'occhiata poco attenta, potrebbe sembrare la stessa copertina ripetuta. A occuparla è sempre la stessa ragazza con un vestito blu e i lunghi capelli neri, la pelle chiara e gli occhi arrossati da convalescente; che seduta su una poltrona di vimini resa più confortevole da un cuscino, legge ogni volta lo stesso foglio. Tutte tranne l'ultima. Nel volume quarto di *Pilgrimage*, quello che chiude la serie, la ragazza ha in mano un libro intero. È il cerchio che si chiude.

Come riflette Jonathan Coe: «Questi dipinti costituiscono una metafora dello stesso Pilgrimage: l'intera sequenza di romanzi riflette sulle azioni del leggere e dello scrivere come vie essenziali per le donne per trasmettere la loro esperienza, e insiste, inoltre, che l'esperienza di una donna ha tanto valore quanto quella di un uomo. E non lo fa imitando le tradizionali procedure narrative (maschili, nell'ottica di Richardson), con i loro conflitti, le progressioni lineari e i colpi di scena improvvisi, ma sperimentando un nuovo tipo di narrazione, quella in cui ogni incidente è solo una piccola variazione su un altro incidente, e tutto ciò a cui il lettore può aspettarsi di assistere – nelle parole di May Sinclair – "è solo la vita che va avanti"»[58].

A proposito di «procedure narrative», vale sicuramente la pena leggere ciò che Virginia Woolf ha osservato sulla prosa della collega: «Richardson ha modellato la sua frase consapevolmente, in modo che potesse scendere nelle profondità della coscienza di Miriam Henderson e indagarne i recessi. È la frase di una donna, ma solo nel senso che è usata per descrivere la mente di una donna da uno scrittore che non è né orgoglioso né spaventato da tutto ciò che può scoprire nella psiche del suo sesso»[59].

Nella serie dei suoi autoritratti, neanche Gwen John sembra intimorita da ciò che il pennello potrebbe rivelare di se stessa e lo mostra all'osservatore con un gesto quasi di sfida. È una giovane donna che ama vestire di rosso, le mani sui fianchi, il portamento eretto, lo sguardo fiero e un sorriso lievemente sardonico. L'antitesi della passività emanata, anche in pittura, dalle figure femminili tradizionali.

Non tutte le donne che John ritrae sono così, certo; tutte però, siano suore, popolane o signore, giovani o anziane, colpiscono per un dettaglio in comune: le mani. Spesso poggiate quietamente sul grembo, sono mani dalle proporzioni esagerate, che finiscono con l'essere un dettaglio straniante, in contrasto con l'ideale di delicatezza femminile. Sembra che, al di là delle attitudini individuali, che vengono registrate dalla pittrice con onestà, a prescindere dai sentimenti di resa, sconfitta o tristezza che gli occhi possono comunicare, Gwen John abbia voluto donare alle sue donne mani abbastanza grandi per ribaltare la situazione.

Occupandoci di *Pilgrimage,* abbiamo considerato il rapporto che la copertina di un classico Virago ha col libro per cui è stata scelta. Ma una copertina dei Modern Classic, quando la scelta compiuta è stata delle più felici, è in grado di stabilire tre tipi di legame: col libro, con l'autrice – e quindi con le altre copertine scelte per lei, come abbiamo visto nel caso di Elizabeth von Arnim –, col resto della collana.

Prese nel loro insieme, le copertine dei classici Virago sembrano formare un gruppo unito, una collezione.

A quest'impressione contribuisce grandemente il fatto che spesso, com'è lecito aspettarsi, ci si trovi a guardare ritratti femminili. Sono donne giovani, soprattutto, ma anche anziane e bambine. Bionde, more, rosse, castane. Hanno i capelli lunghi o corti, indossano cappelli o non ne portano. Sono madri, oppure no. Una di loro porta a spasso il figlio ma, mentre lo tiene saldamente per mano, lascia che lo sguardo riposi altrove. Passeggiano, lavorano i campi, cuciono, sistemano un mazzo di fiori. Ridono o sembrano pensierose. Sono in compagnia ma più spesso sole. Guardano fuori dal balcone o escono fuori di casa. Più di ogni altra cosa però, leggono o scrivono.

Diverse donne, che compiono svariate azioni: e tutte insieme sono un inno alla libertà femminile.

2.1.2 Nuovi libri per nuovi problemi

Nel 2018 i Modern Classic hanno tagliato il traguardo dei quarant'anni. Con loro l'impresa di creare un canone delle donne prosegue e si arricchisce di sempre nuove acquisizioni, tra cui le più significative degli ultimi tempi sono sicuramente quelle dell'opera completa di Daphne du Maurier (2002) e di Patricia Highsmith (2014).

Tuttavia, scbbcnc sia spesso identificata con la fortunata collana, Virago non è solo l'editrice dei Modern Classic.

Il suo primo libro, *Fenwomen*, pubblicato nel 1973 in collaborazione con l'editore Quartet, è un'indagine sulle donne di una piccola e isolata comunità rurale nella contea di Cambridge. L'autrice, Mary Chamberlain, è una delle pioniere della Storia orale, quel ramo della storiografia che si basa su fonti orali. Nata tra gli anni sessanta e settanta grazie alla diffusione del registratore a nastro, la Storia orale ha permesso di documentare le esperienze del Movimento delle donne e della protesta contro la guerra del Vietnam, e può essere considerata frutto dell'ampio sforzo della ricerca dell'epoca di individuare nuove fonti che documentassero le esperienze delle minoranze, tradizionalmente poco rappresentate dalle fonti ufficiali.

Fenwomen è una serie di interviste alle donne di Isleham su temi fondamentali quali l'adolescenza, la scuola, il matrimonio, il lavoro, la religione, la politica. Chamberlain lascia che le donne mettano in luce la fatica del proprio lavoro, la difficoltà di vivere in un luogo remoto, la mancanza di opportunità intellettuali, senza sovrapporre la sua voce alla loro, ma ricavandosi degli spazi separati d'intervento all'inizio di ogni capitolo.

Il gruppo di lavoro della Virago nei primi anni era formato, oltre che da Carmen Callil, da Ursula Owen, da Harriet Spicer e in seguito anche da Alexandra Pringle e Lennie Goodings, l'attuale editrice.

La scelta dei testi da pubblicare era equamente divisa tra Carmen e Ursula: mentre la prima si occupava dei Modern Classic, la seconda sviluppava la linea delle novità, in particolare della saggistica. È lei che invita Lynne Segal a scrivere quella valutazione sullo stato del femminismo che si trasformerà in una delle più lucide critiche alle femministe degli anni ottanta, cioè il fondamentale *Is the Future Female?* (1985). Segal mette in discussione alcuni falsi miti sui generi, tra cui quello della virtù innata delle donne e dell'altrettanto inevitabile rapacità degli uomini, accusando le femministe di farne ampio ricorso. Il suo è un rifiuto della prassi femminista di basare l'ineguaglianza dei sessi sulle differenze biologiche; tesi che, ragiona Segal, seguita fino in fondo non può che portare a pensare la diseguaglianza stessa come un dato biologico, perciò naturale e immutabile. *Is the future female?* è un testo decisivo per il pensiero femminista dell'uguaglianza.

Un altro libro importante nella proposta saggistica della Virago dei primi anni è *The Art of Starvation* (1981), in cui la scrittrice Sheila MacLeod racconta la sua esperienza con l'anoressia. Inserita nel Manuale diagnostico statistico dei disturbi mentali solo nel 1968, quando MacLeod si ammala, negli anni cinquanta, era difficile ottenere una diagnosi corretta. Sebbene «anoressia» significhi letteralmente «mancanza di appetito» l'anoressico, chiarisce MacLeod, è tutto tranne che disinteressato al cibo. L'idea del cibo e della sua preparazione la ossessionava di continuo, facendo assomigliare la sua mente, i suoi pensieri e persino i suoi sogni a quelli di individui che avevano sofferto la fame o erano vissuti durante una carestia[60]. Non mancanza di appetito dunque, ma una terribile arte del controllo o, come suggerisce il titolo del libro, l'arte di lasciarsi morire di fame.

Over Our Dead Bodies: Women Against the Bomb (1983), l'ultimo libro che prenderò in considerazione, è un testo pacifista sul disarmo nucleare. Nella prima metà degli anni ottanta, dopo l'invasione sovietica dell'Afghanistan (1979) e l'elezione di Ronald Reagan alla presidenza degli Stati Uniti (1981), inizia quella fase a cui gli storici si riferiscono come seconda guerra fredda, cioè un periodo di tensioni e provocazioni tra le due superpotenze, che fa seguito alla distensione del decennio precedente. Il rischio di una nuova bomba e dello scoppio di un conflitto nucleare era così temuto che nel 1982 il premio Nobel per la pace è assegnato ad Alva Myrdal e Alfonso García Robles, per il loro impegno a favore del disarmo. In questo contesto non solo Virago, ma anche la concorrente Women's Press interviene sul tema, fornendo una raccolta di contributi femministi dal titolo *Keeeping the Peace*.

I due libri riflettono le differenze tra le rispettive case editrici: più esclusivo il testo di Virago, ricco di contributi firmati da giornaliste e accademiche; più radicale e impegnato quello di Women's Press, che offre uno spaccato del movimento nonviolento dell'ecofemminismo, e la testimonianza delle attiviste che ne hanno fatto parte.

2.2 Live Authors, Live Issues: *The Women's Press*

Qualcosa è successo in casa Quartet dopo che, nel 1976, Virago è diventata un'editrice indipendente.

L'anno successivo l'editore si lascia convincere dalla proposta di Stephanie Dowrick di finanziare la nascita della Women's Press, che per tutti gli anni ottanta sarà una rivale leale di Virago e si imporrà come la seconda casa editrice femminista del Regno Unito.

Come Virago, Women's Press poteva contare su un esplicito collegamento ideologico al movimento delle donne e su un affiatato gruppo di consigliere formato da accademiche e volti noti. Ma le affinità con la sorella maggiore terminano qui; la proposta della neonata casa editrice non sarà un doppione. Consapevole che la notorietà della rivale deriva soprattutto dall'iniziativa dei *reprint* dei Modern Classic, Women's Press, sotto la guida di Ros de Lanerolle, adotta una linea editoriale alternativa, basata sulla contemporaneità. Si pubblicheranno soprattutto autrici viventi, che affrontano gli stringenti problemi e le pressanti questioni culturali, sociali e politiche dell'oggi. «Live Authors, Live Issues», come recita uno dei primi slogan. Coerentemente con questa impostazione, le copertine, che presentino un'illustrazione o una fotografia, sono sempre degli originali realizzati apposta per il libro. Il logo poi, non ha nulla in comune con la sofisticata mela della conoscenza di Virago, ma è un ben più prosaico ferro da stiro.

Il primo netto segno distintivo rispetto alla casa editrice di Carmen Callil è tuttavia l'attenzione verso l'opera delle scrittrici del Terzo Mondo in generale e nere in particolare, che all'epoca non avevano molto spazio nell'industria culturale.

La più nota autrice della Women's Press è stata Alice Walker, il cui best seller *The Color Purple* (Il colore viola), pubblicato nel 1982, oltre a essere un notevolissimo successo editoriale, è diventato tre anni dopo un film di Steven Spielberg che è valso un Golden Globe come migliore interprete a Whoopi Goldberg.

L'effetto non calcolato del successo del libro di Walker fu l'arrivo in redazione di un flusso non sollecitato di romanzi scritti da donne nere, fatto che spinse la casa editrice a dedicare ancora nuove energie alla pubblicazione di queste autrici.

Un'idea convincente sembrò loro quella di presentarle ai lettori attraverso un'antologia; fu così che nacque *Watchers and Seekers: Creative Writing by Black Women in Britain* (1987), una raccolta di racconti e poesie di donne africane e asiatiche che, secondo le sue editrici, «lancia un'occhiata penetrante sulle questioni sociali e politiche e sull'esperienza del razzismo in Gran Bretagna oggi».

Nel frattempo anche Virago aveva scoperto il Black Feminism. Pubblica infatti *The Heart of the Race: Black Women's Lives in Britain* (1986), che vince il premio Martin Luther King. L'opera indaga la vita delle donne nere in Gran Bretagna, dalla generazione delle nonne attratta dalla promessa di benessere alle ragazze le cui aspirazioni a scuola non vengono prese sul serio, fino alle donne della classe operaia che si districano tra gli impegni di lavoro, famiglia e comunità.

Tornando alle antologie, oltre a quella citata poco fa, Women's Press ha pubblicato anche due importanti raccolte del Movimento di liberazione della donna, cioè *No Turning Back: Writings from the Women's Liberation Movement, 1975-80* (1981) e *Sweeping Statements: Writings from the Women's Liberation Movement, 1981-83* (1984).

Tra i romanzi, è stata l'editrice dei primi due libri di Michèle Roberts, *A Piece of the Night* (1978) e *The Visitation* (1983), oltre che di quello di Tsitsi Dangarembga *Nervous Conditions* (1988).

Allo scopo di offrire «emozionanti e provocatorie visioni femministe del futuro», ha lanciato una collana di fantascienza che includeva novità e ristampe, in modo che sfidasse la dominazione maschile del genere. E poi una collana poliziesca che ha promosso il lavoro delle gialliste nordamericane. Una collana di narrativa per teenagers, «Livewire», è stata lanciata nel 1987.

Infine, tra le iniziative meritevoli, Women's Press si è fatta promotrice di un club del libro che incoraggiasse i lettori ad acquistare a prezzo ridotto i libri scritti dalle donne e pubblicati da loro come da altre case editrici.

Alla fine del decennio, le stesse difficoltà finanziarie che avevano colpito Virago portandola a migrare in diverse compagnie, fino alla sua attuale sistemazione presso il gruppo Hachette, investono duramente anche Women's Press. Naim Atallah, titolare di Namara, la holding che detiene la proprietà di Quartet, è convinto che il calo del fatturato sia dovuto proprio all'impegno che Women's Press ha sempre mostrato come editrice, alla sua radicalità e alla sua diversità. Nel 1990 Ros de Lanerolle e altre figure chiave dello staff lasciano.

Malgrado Women's Press figuri ancora tra le imprese del gruppo Namara, la casa editrice non pubblica più nessuna novità. Nulla meglio dei nomi dei due nuovi direttori racconta la fine del sogno della casa editrice delle donne: Mr Timothy John Samuel Cochrane e Mr Naim Ibrahim Atallah.

2.3 *Francia. Una casa editrice femminista? Le Éditions des femmes*

«Le lotte negative che dovevano essere intraprese, le lotte contro, per superare l'oppressione, mi davano solo soddisfazioni molto parziali e molto ambivalenti. Sin dall'inizio volevo costruire, dare spazio, tracciare percorsi positivi. Volevo sottolineare il potere creativo delle donne, dimostrare che arricchiscono la civiltà e che non sono solo le guardiane della casa, rinchiuse in una comunità di oppresse. Volevo aprire il Movimento a un pubblico: pubblicare»[61] (Antoinette Fouque).

«Siamo un certo numero a voler tentare di pubblicare da sole i testi che scriviamo». È con queste parole che l'idea delle edizioni delle donne viene lanciata su «Torchon Brûle»[62], l'organo d'informazione del Mouvement de Libération des Femmes (Mlf), nell'ottobre del 1972. Lo stesso anno è registrata al tribunale del commercio la società a responsabilità limitata «Des femmes».

I primi libri però non vedranno la luce che nel 1974. Per annunciarne l'uscita, ad aprile le *femmes* organizzano una conferenza stampa, che è anche l'occasione per presentare al pubblico la nuova casa editrice.

Si tratta delle prime edizioni delle donne in Francia e di una delle primissime imprese di questo tipo nel resto del mondo. Il clima all'hotel Lutétia, in Saint-Germain des Près, è di grande curiosità, le domande dei cronisti sono numerose e dettagliate. All'interrogativo «Quali saranno i vostri criteri di pubblicazione?» la risposta è lapidaria: «intendiamo pubblicare tutte le rifiutate, le censurate, le respinte delle edizioni borghesi»[63].

Una delle principali caratteristiche delle Éditions des femmes è infatti il porsi in aperta polemica con l'impresa editoriale classica.

Accusata di capitalismo e patriarcato, l'editoria tradizionale, secondo le francesi, ha mostrato un atteggiamento nei confronti della donna simile a quello tenuto dai partiti nelle loro riunioni: non pubblicandola, ha negato alla donna diritto d'intervento, le ha di fatto impedito di prendere la parola. L'idea delle Éditions des femmes è che non si possa venire a patti con un sistema che ha così facilmente relegato le donne ai margini. Bisogna sovvertire il paradigma, darsi nuove regole, creare un modello aziendale inedito, che accolga e metta a frutto i principi e le pratiche del movimento delle donne, non ultime quelle di condivisione e sorellanza. Per questo la nuova casa editrice avrà una struttura a metà tra un'azienda propriamente detta e un'organizzazione politica.

Le prime socie sono ventuno. Tra di loro anche la persona che, decidendo di finanziarla, ha concretamente permesso la nascita della casa editrice: la mecenate Sylvina Boissonnas. Discendente di una delle più importanti famiglie di Francia, gli Schlumberger, Sylvina è entrata in possesso di una cospicua eredità a soli ventuno anni. Poi ha incontrato la contestazione giovanile e il movimento delle donne, frequentando in particolare le riunioni del gruppo Psychanalyse et Politique di Antoinette Fouque. È proprio a quest'ultima che si deve l'idea di mettere su una casa editrice delle donne.

Durante i primi anni di vita delle edizioni ogni socia è chiamata, secondo il ben noto principio marxista, a contribuire al progetto in base alle proprie possibilità, mettendo a disposizione ciò che può: Sylvina il denaro, Antoinette l'idea. Insieme a loro le principali protagoniste di questa fase iniziale delle Éditions des femmes sono l'attivista Josiane Chanel, antesignana del Mlf; Marie Dedieu, unica del gruppo a poter vantare una certa esperienza editoriale come direttrice di «Torchon Brûle»; infine Marie Claude Grumbach, compagna di Antoinette e destinata in futuro ad assumere un ruolo di primo piano nella casa editrice.

È a questo nucleo di cinque donne che spetta prendere le prime decisioni sui testi da pubblicare anche se, come tengono a sottolineare le *femmes,* un vero e proprio comitato di lettura, «con le sue griglie (di valutazione) e il suo potere (decisionale)», non esiste: «i manoscritti vengono letti da tutte coloro che lo desiderano»[64].

Malgrado la stessa individuazione di un gruppo ristretto a cinque nomi tra i ventuno originari suggerisca l'esistenza di fatto di una gerarchia, sulla carta la struttura delle edizioni risulta perfettamente paritaria. Le ventuno donne figurano infatti tutte come socie alla pari. Non esiste alcun socio di maggioranza: persino Sylvina Boissonnas, che ha fornito al progetto la maggior parte del capitale iniziale, possiede quanto tutte le altre.

In un'altra cosa le Éditions des femmes differiscono da una casa editrice di tipo commerciale e tradizionale: l'obiettivo principale non è il profitto, ma la diffusione della lotta delle donne. Per questo motivo decidono di puntare sulle tirature – alte, rispetto alle vendite, che come sarà riconosciuto in seguito sono state sovrastimate per via di un eccesso di ottimismo – e sul prezzo di copertina: «Il più basso possibile, non abbiamo calcolato nessun margine di guadagno sulle prime pubblicazioni»[65].

Singolari anche i contratti proposti alle autrici, che non riguardano mai più di un'opera. Una strategia insolita per una casa editrice agli inizi, che ha l'urgenza di formare un catalogo e una squadra ben riconoscibile di autori; oltre che una tattica da un certo punto di vista rischiosa, perché mentre si fa carico dell'onere di sostenere l'esordio di una sconosciuta, lascia la scrittrice la cui opera prima sia andata bene libera di proseguire la carriera con un editore maggiore.

È una scelta che si comprende appieno solo tenendo a mente quanto detto prima: obiettivo della casa editrice non è il profitto, ma la diffusione quanto più ampia possibile delle idee del movimento delle donne.

Naturalmente molte delle autrici che hanno esordito con le Éditions des femmes continueranno a pubblicare con loro, per affetto o mancanza di altre proposte, ma rimane valida la frase con cui Antoinette Fouque ha sintetizzato il suo ruolo di *talent scout*: «noi abbiamo tolto le castagne dal fuoco, altri le hanno mangiate»[66].

Una delle più importanti e notevoli differenze con le imprese tradizionali è che figurano pochissime dipendenti sui libri paga dei primi anni. Il lavoro è libero e volontario.

È una forma di partecipazione che assomiglia più alla militanza politica che ai rapporti di lavoro tradizionali e che, del resto, è rivelatrice del modo in cui queste donne concepivano il loro impegno in casa editrice; ovvero più come un servizio reso a una causa nella quale sentono di essere direttamente coinvolte, che non come lo svolgimento di una serie di mansioni per cui ottenere una paga. «Si tratta di una pratica politica e non è possibile misurarla in tempo o onorario; noi tutte mettiamo l'energia e il tempo di cui disponiamo in quel determinato momento»[67].

Le volontarie svolgono la totalità del lavoro redazionale: leggono i manoscritti, si occupano dell'editing e correggono le bozze di stampa, intrattengono i rapporti con le autrici. Le uniche dipendenti che ricevono un salario sono le impiegate amministrative e percepiscono tutte lo stesso stipendio, appena più alto per quante hanno figli.

A partire dal 1977, tuttavia, la casa editrice va incontro ad alcuni cambiamenti che ne limitano in parte l'originalità rispetto alle altre imprese, ricavandone in cambio una migliore organizzazione del lavoro e una maggiore professionalità. Si nota infatti un aumento del numero delle salariate. Le nuove assunte coprono compiti precisi all'interno del processo produttivo di un libro, che diventa quindi più specializzato.

Tuttavia la novità più rilevante avviene nel 1979, quando alcune socie cedono le proprie quote di partecipazione, che sono acquistate da Antoinette Fouque, Sylvina Boissonas e Marie Claude Grumbach: l'uguaglianza della ripartizione iniziale è quindi definitivamente rotta. Del resto, il nuovo assetto non fa che palesare l'esistenza di una gerarchia che, sebbene non evidente, non era per questo meno operante.

2.3.1 La politica editoriale e i primi tre libri

Il raggio d'azione delle Éditions des femmes non coincide con quello del Movimento di liberazione della donna, essendo i suoi confini, insieme, più ristretti e più ampi. Più ristretti perché l'organico della casa editrice non rappresenta tutte le tendenze del movimento, ma solo il gruppo Psychanalyse et Politique; più ampi perché coltiva l'ambizione di non rivolgersi esclusivamente alle militanti, ma a tutte le donne. Tutte sono idealmente comprese nella sigla «des femmes», le attiviste e quelle ancora da conquistare alla causa.

Come scrive Jennifer Sweatman: «Chiamarsi "Éditions des femmes" indicava che alcune donne del Mouvement de Libération des Femmes (Mlf), specialmente quelle che appartenevano al gruppo Psychanalyse et Politique, avevano creato e gestivano la casa editrice. Inoltre, l'espressione "des femmes" indicava che la casa mirava a un pubblico femminile, sperando di cambiare le lettrici»[68].

Gli obiettivi dichiarati delle Éditions des femmes sono promuovere la lotta delle donne in tutti i paesi e far emergere la scrittura femminile. Il primo è portato avanti dalla saggistica, il secondo è affidato soprattutto ai romanzi.

Gli anni dopo l'inizio dell'attività editoriale, nel 1974, sono caratterizzati da un certo fervore: si pubblicano molti titoli, soprattutto traduzioni, allo scopo di formare un catalogo. È la fase che Bibia Pavard definisce «d'espansione», che subisce un arresto nel 1977 (solo ventiquattro titoli pubblicati rispetto ai trentotto dell'anno precedente), quando la fondazione della rivista «Des femmes en mouvement» sposta le attenzioni delle editrici dai libri al nuovo periodico. Più che come una crisi però, Pavard suggerisce di interpretarla come una fase di stabilizzazione dell'attività, anche alla luce del mutato assetto societario.

Pubblicare più traduzioni che inediti è normale per una giovane casa editrice che non s'è ancora fatta un nome e la cui capacità di attirare autori già affermati è perciò limitata. Il prevalere delle traduzioni sugli originali nei primi anni delle Éditions des femmes può essere letto così. Tuttavia anche in seguito, sebbene sia superato da quello degli inediti, il numero delle traduzioni resta elevato. Ciò si spiega anche con la volontà di non venir meno a uno dei principi cari al femminismo della seconda ondata, e che abbiamo già osservato per Virago: l'internazionalismo.

I primi titoli del catalogo sono un libro francese e due traduzioni. Il testo francese è *Maman, baise moi encore* di Igrecque, pseudonimo di Yolène Pividal, antica compagna di lotta di Antoinette Fouque. Provenendo direttamente dal Mlf, la sua è forse l'unica opera fra le tre a obbedire al proposito originario delle edizioni che, come abbiamo visto, erano nate perché le militanti potessero pubblicare da sole i loro testi, senza passare dal controllo degli editori borghesi.

Le due traduzioni sono invece *L'âge de femme* della femminista inglese Juliet Mitchell e, fatto più interessante per noi, *Une femme* di Sibilla Aleramo.

Dopo un rifiuto da parte di Treves, il breve romanzo autobiografico di Aleramo era stato pubblicato per la prima volta in Italia nel 1906 dalla Società tipografica editrice nazionale (STEN), diventando subito un caso.

Il romanzo è la storia di una donna che decide di lasciare marito e figlio pur di recuperare l'indipendenza e la libertà di disporre di sé, godute appieno solo durante l'infanzia. Una vicenda che fatica a essere compresa persino dalle femministe dell'epoca, che si battono per il diritto al voto ma sono restie a separare le sorti del sesso femminile dal destino materno.

Non è più così negli anni settanta, quando il terreno della contesa si è spostato dal piano dei diritti politici a quello dei diritti civili, nella convinzione, inaugurata proprio da Aleramo, che anche il personale è politico. Le battaglie femministe sono ora quelle per il divorzio e per l'aborto, le cui leggi sono in discussione sia in Francia che in Italia.

La traduzione di *Una donna* da parte delle francesi segue, di poco, l'edizione Feltrinelli del 1973, che aveva rilanciato il romanzo in Italia, togliendogli sessant'anni di storia editoriale di dosso e cambiandone radicalmente la percezione: da libro scandalo a testo quanto mai attuale. «Presento *Una donna* di Sibilla Aleramo come un libro che spinge avanti, oggi, la battaglia dell'emancipazione femminile», scrive Maria Antonietta Macciocchi nella prefazione per Feltrinelli[69]. Entrambe le edizioni, quella italiana e quella francese, dimostrano come sia stato possibile, negli anni settanta, allacciare un dialogo tra le donne del movimento e le scrittrici che per prime avevano riconosciuto alcuni temi sensibili, riuscendo a mettere in discussione certe opinioni consolidate. È insomma possibile riscoprire le madri.

2.3.2 «La scrittura non sarà mai neutra». La narrativa delle Éditions des femmes

Non sarebbe possibile comprendere la narrativa pubblicata dalle Éditions des femmes e, forse, nemmeno il senso della loro intera attività politica e culturale, senza conoscere la specificità del gruppo nell'ambito del femminismo di seconda ondata, e in particolare il ruolo determinante che Psychépo ha avuto nella nascita del cosiddetto «femminismo della differenza». La stessa Antoinette Fouque è stata teorica della differenza, pubblicando a tal proposito titoli eloquenti come *I sessi sono due*. Luce Irigaray, che diede vita al pensiero della differenza, Julia Kristeva e Hélène Cixous, tra le massime esponenti, facevano tutte parte di Psychanalyse et Politique. Dalla Francia, il pensiero della differenza si è poi diffuso in altre aree d'Europa, Italia compresa, dove è stato sostenuto dalla Libreria delle donne di Milano e dalle filosofe della comunità Diotima di Verona.

Nel secondo dopoguerra il femminismo storico, che aveva fatto della conquista del voto e dell'uguaglianza giuridica con l'uomo il suo obiettivo principale, è entrato in crisi. Alla parità formale non era seguita una parità reale. I diritti conquistati non avevano cambiato la situazione di sottomissione della donna. Di più: nei pochi casi in cui una donna era arrivata a ricoprire incarichi politici di prestigio, si era verificata come un'assimilazione, un annullamento delle istanze femminili a favore del maschile.

Il femminismo della seconda ondata comincia proprio da una critica radicale al primo femminismo.

Le pioniere dell'uguaglianza, secondo Antoinette Fouque, erano sì partite dalla «constatazione della discriminazione fondata sulla differenza» dei sessi, ma si erano poi sbarazzate «della differenza assieme alla discriminazione»[70]. Si verifica a questo punto una scissione all'interno del Mouvement de Libération des Femmes, tra le femministe dell'uguaglianza e il gruppo di Psychépo.

Credere, come facevano le femministe egalitarie, nella fortunata affermazione di Simone de Beauvoir secondo cui «donna non si nasce, lo si diventa»[71] significa non solo ritenere che la condizione d'inferiorità della donna non è innata, ma socialmente imposta, ma anche, per esteso, che le differenze biologiche tra uomini e donne non sono poi così importanti. «Fra cent'anni, pensavo giunta sulla soglia della mia casa» stavolta è Virginia Woolf a parlare «le donne non saranno più il sesso protetto»[72]. Secondo Woolf, il fatto stesso che donne e uomini potessero condividere le medesime occupazioni, avrebbe reso qualsiasi affermazione precedente sulla donna obsoleta. Possiamo pensare che la stessa sorte di obsolescenza sarebbe toccata anche alle affermazioni sugli uomini, sebbene Virginia Woolf non si spinga fino a teorizzare un'indifferenza del sesso. Ciò che suggerisce, però, è che le differenze tra donne e uomini possono essere osservate con pretesa di verità solo se alle donne sono concesse le medesime condizioni di partenza. Diversamente, qualsiasi discorso su una natura femminile rischia di essere falso. Sono affermazioni che invitano il lettore a ridurre la distanza tra i generi, a pensare una loro somiglianza.

Il femminismo della differenza, al contrario, crede nell'esistenza di una natura propriamente femminile, separata da quella maschile. I due sessi non si somigliano. Pensare di avvicinarli in favore di una comune natura umana neutra e indifferenziata è un errore: non esiste alcun neutro, semmai solo un maschile con pretese di universalità, che soffoca la voce delle donne. Antoinette Fouque ne è convinta: non può esserci uguaglianza senza la differenza, «l'uguaglianza senza la differenza non produrrà che un'assimilazione sterilizzante, un'amputazione psicosessuale»[73]. Sono due posizioni entrambe interessanti, entrambe valide, ma certamente inconciliabili.

Credere nella specificità dell'identità femminile ha significato anche, per le Éditions des femmes, credere nella specificità della scrittura delle donne. Una scrittura che deve ancora manifestarsi appieno, perché, oltre a essere storicamente meno numerose dei colleghi, le scrittrici ne hanno troppo spesso riprodotto lo stile e, secondo Hélène Cixous, teorica della *écriture féminine*, la visione sul mondo e sulla donna. La scrittura femminile è quindi, innanzitutto, una scrittura da liberare: le donne devono prima disfarsi dell'influenza dello stile maschile per scoprire l'essenza del proprio.

Una dichiarazione che riprende le scoperte intorno al proprio corpo che le femministe stavano già compiendo grazie alla pratica dell'autocoscienza.

Algerina di origini ebraiche, Cixous si era trasferita a Parigi nel 1969, nel pieno del fervore che seguiva il maggio 1968. Investita dalla questione femminile e dal Movimento delle donne, nel 1974 aveva istituito il primo dottorato europeo in Studi femminili, presso il Centre de Recherches Etudes en Féminines da lei stessa fondato. Due realizzazioni che hanno avuto il merito di introdurre i Women's Studies in Europa.

Sebbene non abbia esordito in giovanissima età, si rivela un'autrice dalla produzione oceanica: con più di settanta testi tra saggi, romanzi e opere teatrali, sembra aver fatto proprio il coraggioso consiglio che estende alle altre donne[74]: «E perché non scrivi? Scrivi! La scrittura è per te, tu sei per te, il tuo corpo è tuo, prendilo. Io lo so perché non hai scritto (e perché io non ho scritto prima dei ventisette anni). Perché la scrittura è il troppo alto e il troppo grande per te, riservato ai grandi, vale a dire ai "grandi uomini", ed è contemporaneamente, "una sciocchezza". D'altro canto tu hai scritto un po', ma di nascosto. E così non andava bene, perché era di nascosto, perché ti punivi del fatto di scrivere, perché non andavi fino in fondo. Scrivi, che nessuno ti trattenga, che nulla ti fermi: né uomo; né stupida macchina capitalista, in cui le case editrici sono gli astuti e ossequenti ripetitori degli imperativi di un'economia che funziona contro di noi e sulle nostre teste».

Souffles, il primo libro pubblicato per le Éditions des femmes, è del 1975. A quella data Cixous aveva già scritto alcune delle sue opere più importanti, come i saggi *La jeune née* e *Le rire de la méduse*, dove appare per la prima volta la nozione di *écriture féminine*.

Dovendo però, a questo punto, definire concretamente le caratteristiche della scrittura femminile (che riprendono ovviamente quelle della differenza sessuale), non possiamo trascurare l'impressione che esse rafforzino, più che indebolire, l'eredità di certi stereotipi sulle donne.

Contrariamente all'uomo, che scrivendo mette in piedi un ragionamento, secondo Hélène Cixous la donna sarebbe più istintiva, più vicina al suo inconscio: «Più angosciata, ma anche più coraggiosa, ella cerca di godere della scrittura in modo erotico. Fa veramente l'amore col testo»[75].

L'immagine della madre è talmente centrale, nel pensiero della differenza e negli scritti di Cixous, da far pensare che tutta la scrittura femminile non sia altro, in realtà, che una scrittura del materno: «Una donna che scrive è una donna che sogna di bambini. [...] L'inconscio ci racconta che un libro è una scena di nascita, parto, aborto, allattamento. L'intera cronaca della gravidanza è in atto nell'inconscio durante il periodo della scrittura»[76].

Tale centralità del materno è un riflesso delle teorie psicoanalitiche di Luce Irigaray e Antoinette Fouque, che avevano condotto una critica serrata alla psicoanalisi tradizionale, volta a riabilitare la forza delle donne. Nel mirino c'è, in particolare, la teoria edipica.

Secondo Freud, il complesso di Edipo caratterizza sia il bambino che la bambina. Mentre il maschio, però, forma la propria personalità disponendosi ad assumere il ruolo e l'autorità paterna, per la bambina si tratterebbe di accettare il ruolo, ben più misero, della madre: e cioè di accogliere un'identità femminile che le appare caratterizzata dalla privazione dell'organo sessuale maschile e da un senso di inferiorità che la dispone alla passività.

La psicoanalisi femminista ribalta questo assunto, facendo leva sulla potenza creatrice della donna, fino ad arrivare alla teorizzazione contraria di un'invidia dell'utero: sarebbe cioè l'uomo a invidiare alla donna la sua capacità di generare. Nonostante l'indubbio contributo che libri come quelli di Hélène Cixous e di Chantal Chawaf hanno dato al dibattito in corso negli anni settanta, il loro successo presso il lettore medio rimane sicuramente limitato. Accolti in maniera discontinua dalla critica, sono testi difficili, sperimentali, ricchi di neologismi.

A far incontrare la casa editrice con un pubblico più vasto non sono dunque i romanzi del filone della *écriture féminine*, bensì quelli, autobiografici eppure capaci di colpire l'interesse generale, della marsigliese Victoria Thérame.

Hosto Blues (1974) e il successivo *La dame au bidule* (1975) sono insieme resoconti della vita dell'autrice e testimonianze sulle condizioni di lavoro delle donne francesi. Vendono, rispettivamente, 20 000 e 15 000 copie, sono recensiti dalla stampa di sinistra ma anche dai periodici femminili e, per quanto riguarda *Hosto Blues*, persino da una rivista specializzata di medicina. Fruttano alla propria autrice l'invito alla trasmissione *Aujourd'hui Madame* della tv nazionale.

Il successo è tale, per una casa editrice ai primi passi, che un distributore confesserà a Victoria Thérame di aver avuto l'impressione che sia stata lei a lanciare le Éditions des femmes, e non il contrario.

Tuttavia Thérame è poco più che un'esordiente quando si presenta in casa editrice, ed è un'esponente perfetta di quella categoria delle «rifiutate dalle edizioni borghesi» a cui le Éditions des femmes aveva promesso un riscatto. «Ha iniziato a scrivere a tredici o quattordici anni brevi novelle e tre romanzi respinti dagli editori. Il quarto, *Morbidezza*, è stato pubblicato da Julliard nel 1960; seguono altri quattro romanzi ugualmente rifiutati. Nel 1974 le Éditions des femmes pubblicano *Hosto Blues*»[77]. Il romanzo è il resoconto dell'esperienza di Victoria come infermiera del turno di notte, allo stesso modo in cui *La dame au bidule* racconta il periodo trascorso alla guida di un taxi. I libri sono stati scritti a conclusione delle lunghe giornate di lavoro.

Secondo Bibia Pavard, il fatto che la critica dei romanzi si rivolgesse di volta in volta a un oggetto specifico – le tassiste; le infermiere del turno di notte – ha permesso loro di ottenere spazio più facilmente nei media di massa, che così potevano recensire i romanzi evitando il tema delle condizioni del lavoro femminile, per virare invece su quello, apparentemente più innocuo, delle condizioni di lavoro delle infermiere del turno di notte.

2.3.3 La saggistica

Se i romanzi di Victoria Thérame hanno certamente contribuito a far conoscere la casa editrice, non meno importanti per gli obiettivi delle Éditions des femmes sono i saggi, ai quali vengono dedicate tre collane.

Nel catalogo dell'anno 1979 si distingue infatti tra saggi, documenti e testimonianze e l'originale collezione «Femmes de tous les pays». Quest'ultima presenta una serie di monografie che illustrano la storia e la condizione della donna nei diversi paesi: dall'Afghanistan al Vietnam, dal Giappone al

Nicaragua, dall'India all'Albania, passando anche per il sud Italia – c'è un volume di Maria Rosa Cutrufelli intitolato *Des Siciliennes* –, l'attenzione delle editrici sembra orientata verso le periferie, relative o assolute, del mondo. L'intento è quello che le donne di ogni paese si raccontino da sé. Alcuni volumi, come quello sul Giappone e quello sulle *mujeres* latinoamericane, sono firmati da un collettivo, altri da singole voci. Tutti recano in copertina la parola «donne» nella lingua del paese di provenienza.

La categoria dei documenti e testimonianze raccoglie invece gli scritti di alcune attiviste.

Uno dei primi a essere pubblicati è il volume di Erin Pizzey, *Crie moins fort les voisins vont t'entendre*, storia dell'apertura del primo centro antiviolenza del Regno Unito. Il pensiero delle donne picchiate in Inghilterra suscita una riflessione su quelle vittime della medesima violenza in Francia.

Nulla comunque rispetto al dibattito innescato dal caso di Eva Forest, psichiatra basca arrestata col sospetto di essere coinvolta nell'attentato al primo ministro Carrero Blanco, che Franco avrebbe voluto come suo successore.

Imprigionata nel carcere di Yeserías, nei pressi di Madrid, Forest rischia la pena di morte. I quotidiani borghesi si occupano poco o nulla di lei. Per questo motivo, il 23 ottobre 1974 le *femmes* comprano una pagina su «Le Monde», che aveva precedentemente rifiutato di pubblicare l'appello con cui ne chiedevano la liberazione. Da quelle righe e dal proprio organo d'informazione, il «Quotidien des femmes», lanciano quindi una raccolta di firme rivolta a tutte le donne. È un raro momento di intesa per il femminismo francese, unito da una battaglia la cui urgenza e importanza fa superare per un momento le profonde differenze di vedute. Simone de Beauvoir firma la petizione accanto ad Antoinette Fouque.

Se è vero che, come sostiene Jennifer Sweatman nel suo *The Risky Business of French Feminism*, la campagna a favore della detenuta si rivela una straordinaria opportunità di promozione per la casa, è altrettanto vero che il libro nato dalla collaborazione con Eva Forest non è un prodotto editoriale come qualsiasi altro, ma un vero e proprio atto politico. Ciò è verificabile già nella forma scelta, perché il testo viene pubblicato in francese e in spagnolo in modo da favorirne il trasporto illegale e la diffusione in Spagna. Il titolo è *Journal et lettres de prison* perché raccoglie le lettere che la psichiatra basca ha indirizzato ai figli dal carcere. Nello stesso 1975, in contemporanea col libro di Forest, le Éditions des femmes danno alle stampe le *Lettres à une idiote espagnole*, di Lidia Falcon, avvocata, detenuta anche lei nella prigione di Yeserías. E le missive sono destinate proprio a Eva, compagna, oltre che di prigionia, di un'«idiozia senza speranza», che consiste nel desiderare la parità con gli uomini. Le editrici hanno scovato il testo alla Fiera del libro di Francoforte. Ne sono molto felici, perché «Lidia Falcon raffigura donne di ogni estrazione sociale» e cerca di identificare, in modo a volte molto concreto a volte comico, «l'oppressione specifica di ognuna»[78].

Cogliendo l'occasione della presenza a Parigi di Angela Davis, in città per firmare le copie della sua autobiografia, le *femmes* organizzano una conferenza stampa di presentazione dei due libri. Da quel momento, sposata dalla nota femminista, la vicenda di Eva Forest e degli altri oppositori al regime franchista ingiustamente imprigionati riceve finalmente un'attenzione adeguata da parte dei media.

Nell'ottobre del 1975 viene organizzata una protesta nella città di Hendaye, sulla frontiera franco-spagnola. Eva Forest è però liberata solo il primo giugno 1977, dopo la morte di Franco, nel pieno della transizione democratica. La campagna per la sua scarcerazione segna un momento in cui alle Éditions des femmes sono riconosciuti, sia all'interno del Mlf che da parte delle imprese femministe concorrenti, un ruolo da leader e una credibilità internazionale forti; momento destinato a non durare a lungo.

C'è ancora spazio però per il considerevole successo del libro di Elena Gianini Belotti, *Dalla parte delle bambine*, la cui traduzione *Du côté des petites filles* è stata pubblicata dalle Éditions des femmes nel 1974, giungendo a essere, con quasi 300 000 mila copie vendute, il best seller della casa.

Belotti dice di essere stata ispirata dalla lettura del *Secondo sesso* e infatti la sua opera è una perorazione a favore della tesi della costruzione sociale del genere, osservata nel momento in cui inizia a verificarsi, ovvero persino prima che l'individuo sia nato. Le attese dei genitori sono infatti, ancora negli anni settanta, tanto diverse a seconda che il nascituro sia un maschio o una femmina. L'istituzione scolastica, alla quale Belotti dedica un intenso capitolo, rafforza poi le indicazioni ricevute in famiglia, indirizzando le bambine verso un ruolo servile e passivo mentre prepara i maschi alla gestione del potere.

Conclude Belotti: «se ogni figlio fosse visto come un individuo unico, provvisto di potenzialità proprie e al quale offrire il massimo per aiutarlo a svilupparsi nella *sua* direzione, la questione del sesso perderebbe automaticamente importanza»[79].

Dopo quanto detto, e ancora più dopo la conclusione, ci si potrebbe stupire che un testo simile sia entrato a far parte del catalogo delle Éditions des femmes ed è certamente paradossale che costituisca il loro maggiore successo. Tuttavia la casa editrice ha pubblicato anche libri, come questo, non allineati sulle posizioni del gruppo Psychépo, fatto di cui bisogna renderle merito.

Naturalmente alle editrici non è sfuggito che la prospettiva di Elena Gianini Belotti si scontrava con la loro teoria della differenza sessuale. Per questo, nella quarta di copertina che accompagna il libro, si legge: «Elena Gianini Belotti analizza le forme che condizionano la "femminilità". Ma è necessario concludere, come fa, che solo le qualità "umane" del bambino debbano essere sviluppate, qualunque sia il suo sesso? Questa educazione ugualitaria, indifferente al sesso, non significa piuttosto una più ampia integrazione nello schema dell'oppressione maschile?».

Sono domande retoriche, attraverso le quali le editrici prendono le distanze dalle conclusioni cui è giunta l'autrice.

Come vedremo nel prossimo capitolo, l'opera di Elena Gianini Belotti è stata foriera di interessanti conseguenze in patria.

2.3.4 La libreria

A poco più di un mese dalla pubblicazione dei primi tre libri, le Éditions des femmes inaugurano la loro libreria. È situata al 68 di rue des Saint-Pères, nell'edificio che ospita la sede della casa editrice, di cui è l'ideale prolungamento, l'affaccio sulla strada. Si tratta della prima libreria delle donne in Europa – in

Italia la libreria di Milano aprirà nel 1975 – ed è quella che in qualche modo segna la via.

Vi si vendono i libri scritti dalle donne in tutto il mondo, non solamente quelli pubblicati dalle *femmes*. L'assortimento offre un punto di vista più ampio delle posizioni condivise nel gruppo Psychépo, perché in libreria è possibile trovare «tutto ciò che è stato scritto dalle donne, senza ostracismo politico». È un luogo di militanza ma in qualche modo anche una zona franca, d'incontro. Qui il separatismo adottato dal movimento delle donne entra in una forma attutita, ibrida e già messa in crisi. Gli uomini sono invitati a partecipare: «Se li vediamo esitanti sulla soglia, facciamo loro cenno di accomodarsi».

Si va in libreria per assistere a una presentazione o una mostra, partecipare a un dibattito o a una riunione del gruppo Psychépo, sfogliare una rivista del femminismo francese o internazionale.

Nel 1976 e nel 1977 altri due negozi sono aperti, a Marsiglia e Lione, con lo scopo di raggiungere lettrici e lettori di provincia.

Le nuove librerie riproducono lo schema della sorella parigina che, a sua volta, rivela molto dell'immagine che la casa editrice intende trasmettere. Ciò che Antoinette Fouque vorrebbe è «uno spazio di reale mescolanza paritaria, piuttosto che di neutralizzazione delle donne per la mascolinità». Il modo in cui sembrerebbe essere riuscita a ottenerlo vale la pena di essere indagato brevemente.

Dalla strada è possibile vedere l'insegna col logo, «des femmes», riprodotto come sui libri, a caratteri bianchi, in corsivo, senza maiuscole.

«Il negozio verde», lo chiama un articolo dell'epoca. Dentro, il verde delle pareti, del soffitto e delle scaffalature crea, insieme alle piante e alle poltrone in vimini, «una vaga impressione di giardino d'inverno». «Non sembra di stare in una libreria», è il giudizio comune ai primi osservatori.

Un altro aspetto su cui le cronache dell'epoca insistono molto è l'affabilità e la gentilezza con cui si è accolti, l'atmosfera intima e ciarliera che si crea una volta dentro, caratteristiche considerate femminili.

È insomma l'identità femminile – o almeno ciò che Antoinette Fouque e socie identificavano come tale – a essere proposta.

Anche alla libreria, come già al catalogo delle edizioni, spetta dunque il compito di dimostrare l'esistenza di una natura propriamente femminile.

2.3.5 La rottura col femminismo

Nel 1980 si verifica un'insanabile rottura tra le maggiori case editrici femministe e le Éditions des femmes.

Una «rete internazionale delle edizioni femministe e lesbiche» annuncia infatti l'intenzione di non trattare affari con la casa e di non acquisire più diritti sulle loro opere. Un boicottaggio in piena regola che ha per ragione la pubblicazione, da parte di Antoinette Fouque, di *Femmes et Russie*, un *pamphlet* condannato dalle autorità sovietiche e la cui traduzione per la Francia era già stata annunciata dall'editrice Tierce. Oltre alla scorrettezza nei confronti della rivale, si rimprovera alle Éditions des femmes di non aver tenuto in debito conto la sicurezza delle autrici, che si trovano ancora in Urss e che attraverso lo scritto sono facilmente identificabili.

Le *femmes* corrono ai ripari appellandosi all'opinione pubblica internazionale e lanciando una petizione in cui chiedono al governo sovietico che sia accordato alle attiviste il permesso di lasciare il paese. Se l'incidente diplomatico può dirsi risolto a Vienna con l'incontro tra le francesi e le russe, rimane invece lo strappo col femminismo internazionale e col resto del movimento francese. Lo stesso boicottaggio non è infatti che l'estrema conseguenza di una frattura iniziata qualche mese prima, a seguito di un'azione eclatante intrapresa da Antoinette Fouque e dal suo gruppo.

All'inizio del settembre 1979 Psychépo avverte infatti per la prima volta l'esigenza di costituirsi in un'associazione a tutti gli effetti, depositando il marchio «Mouvement de Libération des Femmes. Politique et Psychanalyse». Poco più di un mese dopo, però, la denominazione è accorciata in «Mouvement de Libération des Femmes (Mlf)». Non si tratta più, quindi, del desiderio del gruppo Psychépo di costituirsi come tendenza interna al Mouvement de Libération des Femmes: è l'intero movimento di liberazione delle donne francese che adesso Psychépo pretende di incarnare.

Le reazioni, naturalmente, non tardano a giungere. Da più di dieci anni, denuncia «Questions Féministes», le donne si riuniscono in gruppi che rappresentano, collettivamente, il movimento di liberazione della donna. «È per questo che nessun gruppo si è mai arrogato il diritto di chiamarsi, lui solo, Mouvement de Libération des Femmes»[80]. Da ora in poi però, prosegue la rivista, il gruppo Psychanalyse et Politique avrà il diritto di far pubblicare le proprie dichiarazioni firmandole Mouvement de Libération des Femmes; di farsi editore di libri e giornáli sotto la stessa sigla; di promuovere, come Movimento, delle raccolte fondi e di tenere per sé soltanto le somme raccolte a nome di tutte. Potrebbe, ancora, aprire contenziosi legali con questo nome; denunciare persone o gruppi che usino pubblicamente la sigla Mlf, decidere di rappresentare il Mouvement de Libération des Femmes all'interno delle diverse strutture nazionali e internazionali. Chi gli impedirebbe inoltre di intraprendere il tentativo di appropriarsi di tutto ciò che è stato fatto, scritto, pubblicato e prodotto in precedenza dal Mouvement de Libération des Femmes? E se osasse persino presentarsi alle elezioni con la sigla Mlf? «Non è sicuro che il gruppo Psychanalyse et Politique farà tutto questo», conclude la rivista. «Ma se non ha intenzione di fare nulla di ciò, non è chiaro per quale ragione ha sentito il bisogno di registrare un marchio»[81].

In realtà queste tensioni, che si intuiscono profonde, riflettono alcune divisioni presenti all'interno del movimento sin dalla creazione di Psychanalyse et Politique. Nell'ansia di distinguere il proprio operato e quello del gruppo dal femminismo egalitario di stampo beauvoiriano che l'aveva preceduto, negli anni settanta Fouque ha sempre rifiutato di definirsi «femminista», accettando il termine solo in seguito. Persino durante la già citata conferenza stampa di presentazione delle edizioni, alla domanda se la nuova casa editrice può dirsi femminista, risponde che «bisognerebbe prima capire cos'è il femminismo».

A un femminismo che non rimette in discussione l'ordine stabilito dall'uomo ma contribuisce anzi alla sua riproduzione, che non lotta per la distruzione della società patriarcale ma perché le donne vi siano integrate, Fouque sente, molto semplicemente, di non appartenere. In altre parole, per lei e per il suo gruppo – ma è questa una critica condivisa all'epoca da molte di coloro che si riconoscevano nel pensiero della differenza – il femminismo non è un movimento rivoluzionario ma conservatore.

3. L'EDITORIA FEMMINISTA IN ITALIA

Il 1975, proclamato dall'Onu anno internazionale delle donne, è stato un momento particolarmente simbolico per l'editoria femminista nel nostro paese, tanto che potrebbe esserne considerato la data di nascita. Mentre le Edizioni delle donne scaldavano i motori per iniziare a pubblicare l'anno successivo, proprio nel 1975 veniva fondata la casa editrice femminista più importante e longeva d'Italia: la Tartaruga di Laura Lepetit. Lo stesso anno si è aperta la Libreria delle donne di Milano e inaugurata un'impresa singolare, destinata ad avere un successo europeo: la casa editrice per ragazze e ragazzi Dalla parte delle bambine di Adela Turin. Naturalmente, nonostante la felice coincidenza che vede convergere nel 1975 le esperienze più significative dell'editoria femminista del nostro paese, niente di tutto questo arriva all'improvviso ma, come ricorda Laura Lepetit, «le spinte al cambiamento incubarono già prima del '68»[82]. Le si poteva trovare nei primi gruppi femministi Anabasi, Demau e Rivolta Femminile di Milano che si riunivano per discutere i testi delle femministe americane e praticare l'autocoscienza e il separatismo importati dagli Stati Uniti. Tutta la prima metà degli anni settanta è quindi caratterizzata dal proliferare di un'editoria informale, fatta di fogli, ciclostilati, documenti e riviste artigianali redatti da questi gruppi, in cui l'urgenza di prendere la parola surclassa qualsiasi attenzione al prodotto o alla sua vendibilità.

Un'esperienza più strutturata è quella della casa editrice messa su da Rivolta Femminile nel 1970. I suoi «libretti verdi», com'erano affettuosamente chiamati dalle donne del gruppo – e già il nome è rivelatore di un'attenzione che è stata prestata alle copertine, dello stesso colore di quelle di Virago e della libreria delle Éditions des femmes –, le fanno guadagnare il titolo, da parte di Codognotto e Moccagatta, di prima casa editrice femminista italiana[83]. Tuttavia va precisato che l'attività editoriale di Rivolta è diversa dalle esperienze che le seguiranno e che proprio nel suo grembo sono maturate. Quest'attività è intesa dal gruppo come un megafono che amplifica il grido del circolo stesso, e non come una possibilità di moltiplicarne le voci. La stessa Carla Lonzi, infatti, di cui Rivolta Femminile pubblica le opere maggiori[84] senza costringerla a venire a patti con un editore maschile, dopo un momento di riflessione boccia apertamente e senza possibilità d'appello l'idea di una casa editrice che agisca nel mercato. È convinta infatti che mescolarsi in maniera più diretta con le logiche commerciali porterebbe presto o tardi le istanze femministe al compromesso e allo snaturamento. Così convinta e coerente che il notevole successo di *Sputiamo su Hegel* – un vero e proprio *long seller* che a metà degli anni novanta ha venduto quasi 20 000 copie ed è tradotto in tre lingue – è stato ottenuto in maniera del tutto singolare, senza che l'opera sia stata recensita o pubblicizzata. Lonzi infatti pretende e ottiene un confronto diretto col suo testo, privo di riduzioni, interpretazioni o adattamenti.

Un'altra esperienza significativa e anticipatrice all'inizio del decennio è quella di «Il vaso di Pandora», collana dell'editore Celuc-La Salamandra, diretta da Manuela Cartasio e Luciana Percovich. «Il vaso di Pandora», è scritto in un volantino che presenta l'iniziativa nel 1974, «intende essere una collana aperta ai contributi e ai suggerimenti di tutte le donne che individualmente o collettivamente, all'interno dei movimenti di liberazione sviluppatisi in questi anni, si stanno muovendo [...] e stanno riscoprendo sé stesse come soggetti rivoluzionari autonomi»[85]. L'intento militante della collezione, chiaro e inequivocabile in queste parole, è ben espresso in diversi suoi titoli, come quello che, nel pieno dello scontro politico, affronta il tema dell'aborto: *Aborto libero? Il metodo Karman e la sperimentazione sulle donne* (1975)[86]. La salute femminile è uno dei filoni maggiormente seguiti dalla collana, evidente anche in testi come *Avanti un'altra: donne e ginecologi a confronto* (1976)[87], *Le streghe siamo noi: il ruolo della medicina nella repressione della donna* (1975)[88], o *Mestruazioni e menopausa: fisiologia e psicologia, mito e realtà* (1977)[89].

C'è poi un filone più legato alla letteratura, espresso dalla scelta di pubblicare i testi *Una letteratura tutta per sé: due secoli di scrittrici inglesi, 1800-1900* (1984)[90], o *Una vita degna di essere narrata: autobiografie di donne nell'Inghilterra puritana* (1985)[91]. *Con Silvia (nata Plath)*[92] è un volume particolarmente caro a Luciana Percovich, che lo descrive come «un'appassionata lettura a incastro tra vita e opere della Plath, con nuove traduzioni delle sue opere più note, molto diverse da quelle di Giovanni Giudici, traduttore ufficiale per le edizioni Mondadori»[93]. Tra i primi volumi pubblicati, *Donne bianche e donne nere nell'America dell'uomo bianco* (1975)[94] contiene un saggio di Angela Davis. Tra gli ultimi, *Simone Weil: il pensiero e l'esperienza del femminile* (1986)[95]. Interessanti anche i volumi *Donne e sessualità nel cinema d'oggi* (1978)[96] e *Il teatro delle donne* (1980)[97].

La ricca esperienza della collana di Percovich e Cartasio si conclude nel 1987. Quello cominciato con gli Ottanta è un decennio difficile da interpretare. Se è vero che l'editoria, segnata da una stretta aziendalistica, vive un periodo di profondo cambiamento, è anche vero che gli Ottanta sono gli «anni forti del femminismo italiano»[98]. Così nel 1982, anno in cui l'editoria libraria «viveva il suo momento più delicato»[99], ci lasciano sia le Edizioni delle donne che Dalla parte delle bambine; ma nuove case editrici vengono aperte. Estro, nata a Firenze nel 1985, pubblica le opere poetiche di Saffo e Adrienne Rich. La luna, di Palermo (1986), è un bel progetto all'incrocio tra femminismo e questione meridionale: suo compito dar voce alle donne del sud. Eidos, fondata a Miriano, in provincia di Venezia, ristampa dopo quattro secoli l'opera di Moderata Fonte *Il merito delle donne*.

Negli anni novanta, mentre i problemi economici delle case editrici delle donne non si arrestano, anche il femminismo entra in crisi. Sopravvive, sostanzialmente, solo la Tartaruga, che può ormai contare su un catalogo di oltre duecentotrenta testi.

Quando il Salone del libro di Torino titola la sua edizione del 1996 «Il secolo delle donne?» quel punto interrogativo alla fine sembra a molti l'espressione di un dubbio che ha già iniziato a serpeggiare.

3.1 Il «caso Italia»

La prima delle case editrici a nascere nel 1973, Virago, ha festeggiato il suo quarantesimo compleanno nel 2013. Le Éditions des femmes hanno celebrato l'arrivo del 2018 con cinque nuovi romanzi e un saggio in due volumi per il cinquantesimo anniversario del Mlf, che continuano imperterrite a identificare con Psychanalyse et Politique. Nessuna delle case editrici fondate in Italia attorno alla metà degli anni settanta è ancora attiva, a meno di non voler includere, un po' forzatamente, la Tartaruga; che però nel frattempo è diventata una collana e la cui linea editoriale è cambiata tanto drasticamente da spingerci a considerare conclusa l'esperienza femminista alla base della sua creazione.

È questa la principale differenza tra l'estero e l'Italia, che con la fondazione di Edizioni delle donne (1974), la Tartaruga e Dalla parte delle bambine (1975), partiva insieme al gruppo degli altri paesi nella corsa occidentale verso l'editoria femminista, ma si è fermata prima, mancando il traguardo di un pieno ingresso di questo segmento dell'editoria nel mercato nazionale.

Ciò si deve a una serie di motivi. Il primo a essere chiamato in causa è la strutturale debolezza del nostro mercato a paragone di quello estero: secondo il rapporto sull'editoria presentato alla Fiera del libro di Francoforte nel 2017 le persone che, in Italia, hanno letto un libro nell'anno precedente sono appena il 40,5% contro il 62,2% della Spagna, il 68,7% della Germania, il 73% degli Stati Uniti, l'84% della Francia e addirittura il 90% della Norvegia[100].

Non è una novità, ma una situazione ben nota ad appassionati e operatori del settore, cui solitamente ci si riferisce con l'espressione «caso Italia»: quello di un paese in cui la tardiva unità nazionale e un tasso di analfabetismo ancora alto agli inizi del Novecento, hanno fatto sì che i cittadini diventassero prima spettatori televisivi che lettori, lasciando il mercato fragile e immaturo. Una debolezza di cui, naturalmente, le piccole case editrici sono le prime a fare le spese.

Il secondo motivo, che potremmo chiamare «caso nel caso», è la scarsa diffusione degli studi di genere e dei *Women's Studies* nel nostro paese rispetto, per esempio, al mondo anglosassone. Diverse indagini hanno dimostrato come la circolazione delle idee femministe orienti le scelte di lettura, contribuendo a far preferire il libro scritto da una donna. In un'indagine del 1987 condotta in Italia da Marino Livolsi, il 26% delle lettrici dichiarava di essersi accostata alla lettura grazie al femminismo. Citando la stessa indagine, Maria Rosa Cutrufelli sottolinea i risultati per cui «il femminismo è uno dei "tratti valoriali" che caratterizzano fortemente il 23,9% dei "lettori d'élite" e il 16,3% degli stessi "lettori saltuari"»[101]. Non c'è insomma da stupirsi se, in paesi dove gli studi di genere sono maggiormente diffusi che nel nostro, il mercato si è dimostrato ancora più ricettivo nei confronti delle proposte dell'editoria femminista.

La questione della differenza tra estero e Italia, secondo Codognotto e Moccagatta, si condensa in tre nodi particolarmente cruciali: i nomi forti, il controllo diretto della distribuzione, la gestione dei punti vendita[102].

«All'estero un percorso inizialmente simile a quello italiano aveva dato vita a case editrici di donne che, col tempo, sono diventate floride imprese [...] essenzialmente perché dopo essere riuscite a strappare agli altri editori nomi forti [...] hanno assunto il controllo diretto della distribuzione e gestiscono anche propri punti vendita».

Partendo a ritroso, dall'ultima questione sollevata, quella dei punti vendita, non si può fare a meno di rilevare come, dal tempo di osservazione delle due studiose – metà anni novanta – il panorama sia radicalmente mutato.

Negli Stati Uniti e in Canada era nata una rete di librerie delle donne che oggi, in sostanza, non esiste più. Alla metà degli anni novanta le librerie di questo tipo, nei soli Stati Uniti, superavano le centoventi. Dieci anni dopo, però, erano già ridotte a una settantina. L'emorragia non si è arrestata affatto e quelle ancora aperte, oggi, sono appena tredici.

Quanto alla loro gestione diretta da parte delle case editrici, le Éditions des femmes, a cui Codognotto e Moccagatta probabilmente pensavano perché avevano avviato una rete di librerie delle donne in Francia, sono state costrette a chiudere i negozi di Marsiglia e Lione; ma in compenso hanno tenuto quello di Parigi, che dal 1981 si è ingrandito e trasformato in uno spazio che include una galleria d'arte, allo scopo di contrastare l'insufficiente presenza delle donne nelle istituzioni culturali: «le artiste non rappresentano che il 5% delle acquisizioni museali e l'1% delle mostre»[103].

Anche in Italia una rete di librerie delle donne era sorta spontaneamente a partire dalla prima, che ha aperto a Milano nel 1975 nello storico indirizzo di via Dogana a due passi dal Duomo; e che resiste ancora ma, significativamente, è stata costretta a spostarsi dal centro. Le librerie delle donne, comunque, non hanno mai avuto una distribuzione capillare nel territorio nazionale e sono rimaste in numero tutto sommato ridotto: anche perché, per una che apriva, altre chiudevano. Delle librerie «storiche» rimaneva, oltre a quella di Milano, fino agli inizi del 2018, solo Firenze, che poi si è trasformata in una biblioteca femminista; mentre a Bologna, Roma e

Padova, città sede di librerie aperte negli anni settanta che hanno chiuso, ne sono state inaugurate di nuove in tempi più recenti. Segno che aver ospitato una libreria in passato può incoraggiare a tentare esperienze simili nel presente? Può darsi; alcune città, però, una libreria delle donne non ce l'hanno più. Sono Torino, Pisa, Genova, Cagliari. In quest'ultima la libreria, che era stata aperta nel 1978, dal 1986 è diventata il Centro di documentazione e studi delle donne, una biblioteca specializzata e un luogo di relazioni politiche. A Parma, nel 1980, era stata fondata proprio una biblioteca delle donne, che ha resistito fino al 1997. A Bologna una biblioteca delle donne invece esiste ancora.

Nel complesso, quindi, oggi le differenze tra l'estero e l'Italia riguardo ai punti vendita sembrano essersi attutite fino a sparire del tutto.

Quando una libreria viene aperta, c'è il problema di riempirne gli scaffali. Rivolgersi ai distributori tradizionali solleva questioni etiche – il compromesso capitalista – e pratiche: case editrici molto piccole come quelle femministe, con tirature assai basse, riuscivano assai di rado a sostenere i costi della distribuzione.

Il sistema americano aveva risolto brillantemente la questione del rifornimento delle oltre cento librerie delle donne statunitensi. Dopo un inizio un po' improvvisato – alcune donne riempivano di libri i bagagliai delle loro auto e dei loro furgoni e viaggiavano per il paese allo scopo di rifornire le librerie – nel 1974 era stato creato Wind (Women in Distribution). In questo modo le librerie statunitensi potevano rivolgere un solo ordine al distributore femminista invece che centinaia di piccoli ordini alle singole case editrici. Nel 1978 Wind distribuiva oltre settecento titoli pubblicati da ben centottanta case editrici. Nel

1979 è andato in bancarotta. Si potrebbe dire che non ha retto un'espansione così rapida, e sarebbe corretto, tuttavia nelle ragioni della sua chiusura emerge anche l'irrisolto conflitto tra capitalismo e militanza. La poetessa Judy Grahn così ricorda[104]: «Distribuivano ogni libro che il movimento delle donne pubblicava... se avessero ridotto la lista a un terzo, il terzo dei libri che vendeva, ce l'avrebbero fatta. Ma era talmente contrario ai nostri valori allora – il nostro impegno di distribuire ogni libro scritto da ogni donna».

Affrontando poi l'ultima questione sollevata da Codognotto e Moccagatta, quella dei nomi forti, non si può che tentare un ragionamento al passato. La Tartaruga, finché ha resistito, è riuscita ad aggiudicarsi l'opera di autrici di primo piano sfruttando il disinteresse degli editori maggiori, ma anche l'organizzazione tutto sommato ancora embrionale dell'acquisizione dei diritti in Italia, cui presiedeva un solo agente, Erich Linder, che concedeva il titolo alla prima casa che ne avesse fatto richiesta. Del suo primo, fortemente voluto, titolo in catalogo, *Le tre ghinee*, la casa editrice di Laura Lepetit veniva però defraudata a opera di Feltrinelli, che appena quattro anni più tardi, nel 1979, ne pubblicava una versione introdotta da Luisa Muraro.

Nel Regno Unito, invece, Virago è ancora oggi la casa editrice di scrittrici universalmente note come Margaret Atwood[105], Angela Carter, Patricia Highsmith, mentre altre, come Sarah Waters, le ha lanciate.

L'editoria femminista, in Europa e negli Stati Uniti non è più limitata alla piccola realtà militante degli anni settanta, ma si articola in un ventaglio più ampio di tipologie imprenditoriali, che include le *university press* – coi propri cataloghi di *Women's Studies* – e anche i grandi editori.

Nei paesi dove, infatti, il mercato per il libro femminista è più solido, gli editori maggiori a partire dalla fine degli anni settanta hanno inaugurato collane dedicate alle donne e alla questione femminile.

In Italia ciò non è avvenuto se non con poche eccezioni. Tra i grandissimi, solo Feltrinelli ha dato vita a una collana specificatamente femminista, la collezione «Gender», all'interno dei suoi «I campi del sapere»; mentre Giunti ha aperto una collana di narrativa femminile, «Astrea», nel 1986.

Così, nel 1990, a proposito della discordanza tra la situazione italiana e quella estera, Anna Maria Crispino poteva ancora scrivere[106]: «A fronte di un aumento documentabile di autrici e pubblico femminile, la stragrande maggioranza dell'editoria italiana continua a comportarsi – sia a livello di produzione che di promozione – come se produzione e lettura fossero indifferenziate. Cosa che non accade per altre variabili, come l'età – i "giovani" autori – o l'area di riferimento – testi colti, di divulgazione, di consumo – né di genere letterario – giallo, nero, fantasy e così via. A livello internazionale si assiste di contro alla individuazione e valorizzazione delle autrici in quanto tali».

Quasi trent'anni sono passati e, nel necessario aggiornamento di cui questa valutazione ha bisogno, il dato più saliente è che l'ingresso delle donne nel mercato italiano è un fatto compiuto. Le autrici popolano ormai i cataloghi dei grandi editori. In funzione della loro maggiore presenza vincono più spesso che in passato prestigiosi premi letterari, ottenuti i quali dominano facilmente le classifiche. Di quanto detto da Anna Maria Crispino rimane ancora valido in prospettiva – ma dal mio punto di vista tutt'altro che disprezzabile – il giudizio sulla mancata distinzione tra autori e autrici nel mercato italiano: il fatto, cioè, che le donne nel nostro paese siano passate direttamente dal recinto protetto delle case editrici femministe ai cataloghi dei grandi editori senza trovarsi collocate in intermedie collane «femminili». Ciò che sembrava un limite a una femminista degli anni settanta – che partiva dal presupposto di una necessaria valorizzazione della differenza sessuale – oggi è valutato con una sensibilità radicalmente diversa. Dovendo recensire il recente successo *Storie della buonanotte per bambine ribelli*, la scrittrice Michela Murgia, per esempio, opta per una stroncatura motivata in larga parte dal fatto che quel libro sarebbe rivolto a un lettore specifico: le bambine e non, invece, i bambini, che di conoscere figure femminili storicamente rilevanti – con cui sono certamente poco entrati in contatto – avrebbero bisogno più delle sorelle. Per Murgia questo, anche se fatto con le migliori intenzioni, è «sessista». L'editore Mondadori ha inoltre indirizzato ai giovani lettori il volume del tutto speculare *Racconti per bambini coraggiosi*: cento biografie di uomini illustri o semplicemente noti che, però, dovrebbero insegnare come «il coraggio non ha a che fare con i muscoli e la forza fisica, ma con la consapevolezza dei propri limiti e con la volontà di superarli» e, nelle parole dell'autrice Elena Sforza, persino che «essere coraggiosi non vuol dire non piangere, essere coraggiosi vuol dire non vergognarsi di piangere». Pur ribaltando i generali stereotipi sulla mascolinità, il libro ha ottenuto le stesse critiche della controparte femminile. Mondadori sta cavalcando l'onda del successo delle «bambine ribelli» con una serie nutrita di volumi. Tra gli ultimi, uno si intitola *L'avventuroso libro per ragazze coraggiose* e propone attività che una volta sarebbero state considerate esclusivo appannaggio del maschile, come cambiare una gomma, praticare le arti marziali o costruire un monopattino. Sembrerebbe di essere finalmente di fronte a un libro ineccepibile da un punto di vista femminista. Basta allargare lo sguardo agli altri titoli della collana, però, perché l'entusiasmo ne risulti inevitabilmente ridimensionato. *Il pericoloso libro delle cose da veri uomini* promette di insegnare ai maschi come «fabbricare arco e frecce, addestrare il tuo cane, imparare trucchi da spia, sapersi orientare nei boschi e costruire circuiti elettrici». Perché solo ai maschi? Siamo, a questo punto, perplessi. Se, davvero, come ci aveva promesso *L'avventuroso libro per ragazze*, «non c'è niente che una ragazza coraggiosa non possa fare e niente che non possa apprendere», qual è il senso di riservare a lei e ai fratelli, ancora oggi, insegnamenti differenziati? Bambine e bambini sono in grado o no di fare le stesse cose?

Si potrebbe obiettare che le bambine hanno ancora bisogno, come negli anni settanta, di qualcuno che stia dalla loro parte, di un'attenzione particolare? È certamente vero, ma non sembra l'interesse dell'editore Mondadori. Una casa editrice femminista come quella di Adela Turin pubblicava testi rivolti solo alle bambine e non ai bambini, perché consapevole della posizione di svantaggio da cui partivano, e non per individuare in loro uno specifico target, come invece la grande editoria fa.

Il caso che illustra più di tutti ciò che accade quando un editore generalista si appropria di contenuti femministi per ragioni di mercato – il cosiddetto *pink wash* – è la recente traduzione, da parte di Sperling & Kupfer, del libro *How to Raise a Feminist*, di Allison Vale and Victoria Ralfs. Il titolo, nell'edizione italiana, diventa *Come crescere bambine ribelli e bambini illuminati*. Le vendutissime bambine ribelli fanno il loro ingresso in copertina. A sparire, invece, è proprio il femminismo. In Italia, infatti, anche in un momento storico in cui la battaglia delle donne sembra riprendere quota, il termine «femminismo» è stato tutt'altro che sdoganato e ha ancora la colpa di rivestire, almeno secondo quelle che sembrano le valutazioni dell'editore, una connotazione negativa per la maggioranza della popolazione.

3.2 I libri antimonumentali delle Edizioni delle donne

«È stata una bellissima esperienza, ho imparato un mestiere... Anche se, quando un mestiere lo si impara in modo così viscerale, quando poi questo diventa un lavoro subordinato, sembra così noioso. Quando conosci un lavoro nella sua interezza e ti metti a farlo per altri, in modo parziale, ti senti come espropriata. È un lavoro, appunto, mentre le Edizioni delle donne erano un amore»[107] (Maria Caronia).

«Libri antimonumentali»[108]. È così che le Edizioni delle donne definiscono la quarantina di volumi frutto del loro impegno come editrici tra il 1976 e il 1982. E se la definizione è da riferirsi all'intento di non offrire col testo rassicuranti punti d'arrivo ma di partenza, tuttavia, davanti agli esili volumetti colorati, che ben di rado superano le duecento pagine, non si può far a meno di trovarla molto azzeccata.

Si tratta di tascabili. Le prime copertine, in cartoncino flessibile, non presentano illustrazioni, riproduzioni o foto: anche in loro tutto rimanda a una semplicità antimonumentale.

Il logò fa capolino dal fondo della pagina, unico elemento decorativo. È una figura di donna fortemente stilizzata, che ricorda un simbolo antico. Disegnata da Manuela Fraire, avanzo l'ipotesi che sia una rielaborazione dell'*anhk*, la croce ansata, propiziatrice di vita, con cui sono spesso raffigurate le divinità egizie e in cui molti hanno individuato una rappresentazione del grembo materno. Nel logo, la somiglianza con la figura femminile è rafforzata allungando i bracci della croce in modo che sembrino degli arti e allargando la base tanto da farla somigliare a una gonna.

Le Edizioni delle donne nascono a Roma, nel Teatro della Maddalena[109], dove si tengono le riunioni del collettivo femminista e comunista di via Pomponazzi. Oltre alla già citata Manuela Fraire, architetta, ne fanno parte anche Maria Caronia, segretaria di redazione di «Tempi moderni», la scrittrice Elisabetta Rasy, allora giornalista per «Paese Sera», e Anne Marie Boetti, critica d'arte. Sono loro le quattro donne che costituiscono l'ossatura della casa editrice che sta per essere fondata.

Come spesso accade per queste protagoniste dell'editoria degli anni settanta, nessuna di loro può vantare un'esperienza diretta nel ramo. A guidarle semmai è un grande amore per la lettura, uno spiccato senso di rivalsa sulla cultura ufficiale colpevole di sottostimare il contributo femminile e, nel caso specifico, un esempio che arriva d'oltralpe. Come ricorda Maria Caronia in *100 titoli. Guida ragionata al femminismo degli anni settanta*[110]: «Noi stesse non avevamo esperienza in questo campo. Per noi un libro era allora soltanto l'oggetto finale. Insomma partivamo dal prodotto e inizialmente non avevamo nessuna idea di tutto il lavoro che comportava fabbricarlo, un libro. [...] È difficile ricostruire il processo che fece sì che ci gettassimo in quest'avventura senza sapere assolutamente nulla di editoria sul piano pratico, quotidiano, e in più con un pubblico di donne al quale in qualche modo dedicarsi. Però avevamo visto che in Francia funzionavano già da qualche tempo le Éditions des femmes. Così ci parve che potesse essere l'idea giusta».

Oltre all'idea e al nome, è l'intero pensiero della differenza elaborato dal gruppo Psychanalyse et Politique che le Edizioni delle donne fanno proprio. Ne seguono, quali necessari corollari, la convinzione che esista una scrittura femminile, una linea editoriale che le dà spazio, oltre a testimoniare la lotta delle donne; un femminismo rivoluzionario che si riconosce più nella parola d'ordine della «liberazione» che in quella dell'«emancipazione». In una pagina di presentazione delle Edizioni in cui mi sono imbattuta sfogliando *Donne, povere matte*, si legge: «Il progetto nasce dall'esigenza di affrontare "nella pratica" il tema ancora aperto della creatività femminile e di portare avanti e rendere noti i livelli di lotta raggiunti dalle donne quale nuovo "soggetto politico"»[111].

A quanto detto prima, possiamo aggiungere qualche riflessione indotta dalla presenza del termine «pratica». Cosa significa, per le femministe, «affrontare nella pratica il tema della creatività femminile»?

Significa fondare riviste e case editrici, aprire librerie. Al grande momento dell'autocoscienza e dell'inconscio, che tanto aveva donato alle donne in termini di consapevolezza ma che cominciava a mostrare con evidenza i propri limiti, dovevano seguire progetti concreti; il pensiero sfociare nell'azione, la teoria delle nuove acquisizioni accompagnarsi finalmente alla «pratica». È con questa idea che vengono fondate le Edizioni delle donne.

3.2.1 I primi anni (1976-1977)

Il catalogo delle Edizioni delle donne è, come quello delle omonime francesi, aperto al saggio e alla narrativa, alla poesia, al documento e al libro d'arte. Con uno sforzo encomiabile, nei sei anni di edizione si è tentato di mettere a disposizione della creatività femminile ogni strada.

I primi libri a essere pubblicati sono quelli dell'impegno politico, «libri ideologici» li definisce a posteriori Maria Caronia; con gli anni tuttavia la casa editrice è stata capace di affermare un discorso più letterario e meno vincolato al Movimento di liberazione della donna. Tra questi primi titoli, spiccano le inchieste *Donne, povere matte*, condotta dalla ricercatrice ragusana, ma d'origine angloamericana, Lieta Harrison[112] nell'ospedale psichiatrico di Roma, e *La casalinga di Cristo*, indagine sulle suore in Italia.

Suore e matte non sono viste come individui estranei alla società ma anzi la loro vita ci mostra, pur se «da una condizione limite, la parabola della condizione femminile generale»[113], che vuole le donne asservite al potere maschile, costrette a realizzarsi entro la falsa alternativa di un matrimonio terreno o celeste, senza speranza di fuga se non, eventualmente, nel rifugio della pazzia o del disagio esistenziale: non è un caso che le suore intervistate nel libro siano seguite tutte da psicoterapeuti.

Generalizzando si può dire che ogni inchiesta delle Edizioni delle donne è uno sguardo lanciato, da un'angolatura particolare, alla condizione femminile generale. Era già così nel primo dei titoli in catalogo, *L'occupazione fu bellissima*, storia delle azioni che nel 1974 videro oltre mille famiglie torinesi occupare alcuni alloggi, specialmente nella zona della Falchera. Le autrici Gigliola Re e Graziella Derossi rivelano di essersi «chieste che cosa significa essere donna se si appartiene alla classe sociale più sfruttata, come tale classe vive la maternità, la sessualità, il lavoro, la socializzazione, la politica [...]»[114].

Tra i libri più legati al Movimento, *Brutto ciao*[115] traccia il percorso delle lotte delle donne dalla Resistenza fino all'esplodere del femminismo, mentre *La parola elettorale*[116] indaga il rapporto tra donne e partiti, tra donne e partecipazione politica.

Nel 1977 le Edizioni pubblicano anche *La pelle cambiata*, l'autobiografia di Verena Stefan che ha portato al successo l'editrice tedesca Frauenoffensive. Ma tra i libri ideologici, il più ideologico di tutti è, senza dubbio, lo *Scum Manifesto* di Valerie Solanas. Scritto negli Stati Uniti nel 1967, stampato in proprio e venduto per le strade al prezzo di cinquanta centesimi agli uomini e venticinque alle donne, il *pamphlet* è pubblicato da Olympia Press nel 1968, dopo che l'episodio del tentato omicidio di Andy Warhol ha reso celebre la sua autrice.

«Warhol aveva troppo controllo sulla mia vita», sono le parole con cui Solanas spiega il gesto agli agenti di polizia della centrale dove si costituisce la sera del 3 giugno 1968. In realtà, sarà proprio Valerie ad assumere un pesante controllo sulla vita dell'artista il quale, oltre a non riprendersi mai del tutto dal trauma, continuò a subire dello stalking e a ricevere minacce dalla donna, libera dopo appena tre anni di carcere grazie all'inspiegabile clemenza della stessa vittima e all'appassionata difesa delle femministe.

Andy Warhol e Valerie Solanas si conoscono alla Factory, lo studio di Warhol, dove la donna si reca per sottoporgli la sceneggiatura *Up Yor Ass*. Nonostante lo stesso Andy considerasse Valerie una donna interessante e divertente tanto da volerla, in seguito, in alcuni suoi film come *I, A Man* e *Bike Boy*, non le produsse mai la *pièce* (e ne smarrì il manoscritto: fu proprio questo l'espediente che permise all'ossessione di Valerie di scatenarsi).

Al di là della condanna morale che è giusto riservare al gesto di Solanas, sarebbe fuorviante pensare che l'interesse femminista attorno al suo libro sia solo il frutto di una sinistra notorietà. Lo *Scum Manifesto* è, a tutti gli effetti, uno dei più potenti atti d'accusa che una donna abbia mai indirizzato agli Stati Uniti d'America. Celebre il suo incipit: «In questa società la vita, nel migliore dei casi, è una noia sconfinata e nulla riguarda le donne [...]».

Dovremmo, quindi, tentare l'esercizio di separare il giudizio sull'opera da quello sull'autrice, e concludere che i tre colpi di pistola esplosi da Valerie Solanas non sono un buon motivo per smettere di leggere il suo libro, così come non abbiamo smesso di leggere Norman Mailer o William Burroughs[117].

La denuncia del *Manifesto*, che le Edizioni delle donne propongono per la prima volta al pubblico italiano nel 1976, si indirizza verso tre obiettivi: il sistema capitalista, il mondo dell'arte che se n'è lasciato invadere, il patriarcato. La forma scelta da Valerie per attaccare i suoi nemici è quella della satira. Ci sono dei tratti indiscutibilmente misandrici nello *Scum*, ma a guardarli bene non sono che il ribaltamento parodistico di tanta misoginia – palese o nascosta – del pensiero occidentale.

Ciò accade, per esempio, quando l'uomo è definito «incidente biologico», o «sesso incompleto», rovesciando così tutta una retorica sul sesso debole. E contraddicendo, in particolare, la teoria edipica di Freud, in largo anticipo sul femminismo della differenza di Luce Irigaray che esprimerà lo stesso concetto, secondo l'autrice del *Manifesto* non è la donna a provare invidia del pene, ma è l'uomo a sentire invidia per la vagina. Si potrebbe pensare che Valerie Solanas odi gli uomini. Non è a loro però che è diretto lo *Scum*. Lo si intuisce proprio grazie alla precisazione che l'autrice fa attorno alla parola «scum»: decifrata da alcuni come l'acronimo di *Society for Cutting Up Men*, ovvero Società per l'eliminazione del maschio (e in qualche edizione, compresa la nostra, appare così), Valeric respinge questa interpretazione, asserendo di aver avuto in mente solo il significato letterale di «feccia, gentaglia», e spiega[118]: «Il conflitto non è dunque tra femmine e maschi, ma tra "Scum-la-feccia", le femmine dominatrici, decise, sicure di sé, indecenti, violente, egoiste, indipendenti, orgogliose, avventurose, sciolte, strafottenti, che si ritengono adatte a governare l'universo, che hanno scorrazzato a ruota libera ai margini della "società" e che ora sono pronte a proseguire a tutto spiano oltrepassando ogni limite – e le Figlie di Papà, cortesi, passive, consenzienti, "colte", gentili, dignitose, sottomesse, dipendenti, timorose, povere di mente, insicure, avide di approvazione, quelle incapaci di affrontare l'ignoto, contente di sguazzare nelle fogne, che almeno sono un ambiente familiare, quelle che vogliono rimanere allo stadio scimmiesco, che sono tranquille soltanto se il Grande Papà è lì accanto [...]».

Diversamente dalle Éditions des femmes, che strutturano il loro catalogo per collane, le italiane preferiscono un ordinamento per raggruppamenti tematici. I libri sono quindi divisi per aree (scrittrici contemporanee, poesia e prosa), ma dobbiamo supporre che queste categorie servissero solamente a un'organizzazione interna del lavoro, perché non vengono riportate sui volumi[119].

Un libro che esula da ogni catalogazione precedente è *Un album di violenza*, di Stephanie Oursler. Si tratta di una raccolta di fotografie in bianco e nero, di grandi dimensioni. Sono i ritratti di alcune donne uccise nel 1975, così come sono apparsi il giorno della scoperta del delitto nelle pagine del quotidiano romano «Paese Sera», per poi sparirne presto, sostituiti da una violenza più recente. Stephanie Oursler decide di sottrarli all'evanescenza della cronaca, collocandoli nel tempo e nella storia, costruendo un calendario. Ha il sottotitolo, ironico e amaro, di *Happy New Year*, dalla mostra tenuta alla galleria Multimedia Arte Contemporanea di Erbusco nel novembre dello stesso anno.

Un ritratto per ogni mese, a cui la penna dell'artista ha aggiunto in corsivo la data, ma soprattutto una frase in funzione di didascalia estrapolata dalla cronaca di «Paese Sera». Fuori dal proprio contesto, l'affermazione suona spesso paradossale. «Comprava sempre scarpe molto care», si legge per esempio accanto al ritratto della donna di agosto, e non si sa bene se interpretarla come un'accusa o un dettaglio che ce la rende meno estranea. Non tutte le affermazioni sono riferite alle vittime. Alcune alludono al killer o riportano un dettaglio dell'omicidio. Così sappiamo che la donna di luglio «Mise la chiave nella toppa», che la ragazzina di aprile ebbe la sventura di prendere il treno da sola dopo la scuola, o che quella di ottobre «Incontrò un ragazzo di nome Carlo, al cinema». L'articolista che ne ha scritto la cronaca, ha sentito poi il bisogno di informarci che il marito della donna di maggio «Vent'anni prima era stato ferito sul lavoro». È contro un certo tipo di giornalismo, in voga ancora oggi, che Oursler interviene. Leggiamo infatti sulla quarta che «La proposta di Stephanie è di raccogliere e dare un senso ai dati che la logica borghese maschile polverizza e banalizza. "Una concentrazione del nostro passato/presente/futuro di donne ogni giorno buttate via e comprate di nuovo il mattino seguente"»[120].

Le donne, nei ritratti, sono sempre vive, ma gradatamente s'insinua un'atmosfera più cupa. A novembre non c'è alcun volto, solo un trafiletto che annuncia la morte di una giovane per un aborto autoprocurato. Di lei si sottolinea che era già madre. Il libro è del 1976, la legge sull'aborto del 1978, il referendum che la conferma del 1981, ma proprio il 1975 si era rivelato un anno chiave per la battaglia a favore dell'interruzione di gravidanza, grazie allo storico pronunciamento della Corte costituzionale, per cui il ricorso all'aborto veniva ritenuto conforme al diritto[121].

L'anno si chiude col mese di dicembre: un corpo coperto miseramente da un lenzuolo. Non riusciamo a leggere per intero il nome della donna a cui apparteneva, ma è diventato il corpo di tutte. La didascalia non è più aggiunta in corsivo dalla mano dell'autrice, ma ha l'oggettività e la freddezza della carta stampata.

Questo ci porta direttamente al cuore del lavoro di Stephanie Oursler, che intervenendo nell'impersonalità dei documenti di «Paese Sera» con la propria scrittura ne ha frantumato la distanza. «Il mio lavoro» spiega «consiste principalmente nel raccogliere immagini trovate, ricordi, vita. Resisto a qualsiasi tentazione di "creare qualcosa di nuovo". [...] Cerco di distruggere quella soddisfacente diversione che c'è tra i ricordi della vita e l'imparziale documentazione».

Per concludere la panoramica su questi primi anni, nello stesso 1976 le Edizioni delle donne si fanno promotrici della prima versione italiana di un libro che ormai va annoverato tra i classici: *Il corpo lesbico* di Monique Wittig.

Quello di Wittig è un pensiero universalista. La sua idea sul sesso femminile è più vicina alle affermazioni di Simone de Beauvoir che alla teoria della differenza di Antoinette Fouque, come risulterà chiaro da queste parole[122]: «Non c'è letteratura femminile per me, non esiste. In letteratura, non separo le donne dagli uomini. Si scrive, o no. Si è in uno spazio mentale dove il sesso non è determinante. Occorre bene che si abbia uno spazio di libertà. Il linguaggio lo permette. Si tratta di costruire un'idea del neutro che sfuggirebbe al sessuale».

Merito delle Edizioni delle donne, che pure come si è visto sono molto vicine alle posizioni di Fouque, l'averlo pubblicato. Tra i romanzi, oltre a *Il corpo lesbico*, vengono pubblicati anche *Laure. Storia di una ragazzina* (1976) di Colette Peignot, scrittrice amica di Simone Weil e amante di Bataille, e i titoli di Matilde Serao *Addio, amore!* e *Castigo* (1977).

3.2.2 Gli anni centrali (1978-1979)

Tra il 1978 e l'anno successivo sono pubblicati alcuni dei libri più interessanti delle Edizioni delle donne.

Nel 1978 viene dato alle stampe *Assassina*, traduzione di *Eva's Men*, secondo lavoro di Gayl Jones, una scrittrice nera. Una scelta importante, perché sembra testimoniare l'intenzione delle editrici di sfuggire a quello che, in seguito, sarà definito *white feminism*: l'accusa, spesso mossa alle femministe degli anni settanta, di non considerare le esperienze delle donne di etnie diverse da quella bianca.

Una scoperta delle Edizioni delle donne sono le lettere che l'avventuriera Calamity Jane rivolge alla figlia chiamata come lei («Gli O'Neil hanno cambiato il tuo nome in Jean Irene ma io ti chiamo Janey»)[123], abbandonata per motivi che non riescono a essere confessati nemmeno in questo diario postumo in forma epistolare, che secondo le sue indicazioni dev'essere consegnato alla figlia dopo la propria morte.

Le lettere rivelano una donna diversa dall'immagine dell'eroina tutta d'un pezzo consegnataci dall'epopea del West. «Sei il ritratto sputato di me alla tua età e mentre stanotte fisso la tua piccola foto mi fermo mentre ti bacio e poi ricordandoti comincio a piangere e chiedo a Dio di potermi far perdonare in qualche modo un giorno da tuo Padre e da te»[124].

Diversa dallo stereotipo della mangiatrice di uomini anche l'immagine che le Edizioni ci consegnano di Lou Salomè, intellettuale russa vissuta tra il 1861 e il 1937. Ricordata dai più come la donna che suscitò l'amore, non ricambiato, del filosofo Nietzsche ed ebbe una relazione col poeta Rilke, molto più giovane di lei, le Edizioni delle donne, pur non trascurandone il fortissimo modello d'indipendenza e libertà, riportano l'attenzione sul suo essere stata una delle prime donne a occuparsi di teoria psicoanalitica. Di lei si pubblicano gli scritti di psicoanalisi, sotto il titolo *La materia erotica* (1979).

Il libro di Etel Adnan, *Sitt Marie Rose* (1979), è invece dedicato alla guerra civile che aveva sconvolto il Libano appena tre anni prima, ancora latente mentre l'autrice scrive. Per raccontare la guerra Adnan sceglie gli occhi di Marie Rose Boulos, di cui traccia la biografia romanzata. Eroina casuale, vittima non passiva degli eventi, all'inizio Marie Rose è solo la direttrice di una scuola per bambini disabili.

La Storia la trasforma in una figura che la stessa Etel Adnan nell'introduzione paragona ad Antigone: «Come nella tragedia greca, in queste guerre dal determinismo quasi divino avviene che certi individui si rivoltino, rifiutino le alleanze tribali in nome della morale, preferiscano il futuro al passato, e la ragione profonda alla passione del gruppo». Pur essendo cristiana e libanese, Marie Rose aveva sposato la causa dei palestinesi, ingiustamente perseguitati, la loro legittima richiesta di avere una nazione, e la visione di un mondo arabo nuovo.

Con la pubblicazione di *Jeanne Dielman*, titolo che riflette quello dell'omonimo film, le Edizioni delle donne cominciano una ricerca che, qualora fosse continuata, avrebbe fatto il punto sullo stato dell'arte della cinematografia femminile.

Chantal Akerman, «la regista più affermata della nuova generazione»[125], nacque in Belgio da genitori ebrei polacchi fuggiti ai campi di concentramento. La decisione di dedicarsi al cinema arriva da adolescente, vedendo il *Pierrot le fou* di Godard. È una folgorazione. Studia a Parigi e poi si trasferisce negli Stati Uniti dove, però, alle colline di Hollywood preferisce il cinema sperimentale girato a New York.

La sua fama si deve soprattutto a quel film, il cui titolo completo recita *Jeanne Dielman, 23, quai du commerce, 1080 Bruxelles* che è accolto dalla critica come uno dei migliori che una donna abbia mai girato.

È la storia di una casalinga che si prostituisce per mantenere il figlio e se stessa. Almeno all'inizio, era un film molto ideologico: vi si trovavano tutti i temi centrali nelle riflessioni della seconda ondata femminista, e non poteva che essere così per un soggetto nato a Parigi nei primi anni settanta, quasi in contemporanea col movimento delle donne. Ruolo muliebre all'interno del matrimonio borghese, lavoro casalingo, prostituzione, esplicito paragone tra i due, i nodi trattati nella sceneggiatura. Poi però la regista decide di operare un cambiamento: «Questa sceneggiatura non funzionava. [...] Questa Jeanne Dielman non riuscivo a vestirla, non aveva corpo. Stavo costruendo un progetto teorico, una esposizione schematica sul lavoro e sulla prostituzione. [...] In Jeanne Dielman non sono le idee che hanno importanza, ma i gesti della donna, l'occupazione di un luogo, i rituali, l'organizza zione del tempo»[126].

E per dare importanza ai gesti della donna, Akerman, secondo la felice impressione di un recensore del New York Times, «registra tre giorni cruciali nella vita di Jeanne Dielman come se osservasse le abitudini di un insetto precedentemente sconosciuto»[127].

Del resto silenzi e gesti hanno un peso determinante nell'economia del film, perché la donna impone i primi in modo che nulla di scomodo possa esserle rivelato, mentre organizza e ingabbia i secondi in un rituale sempre identico, che le permette di non avere tempo libero, così da non essere sopraffatta dall'angoscia e dal pensiero della morte.

3.2.3 Gli ultimi anni (1980-1982)

Peccato che l'avventura sia quasi giunta al termine, perché nessuno dei testi pubblicati negli ultimi due anni sembra rivelare stanchezza. In quel periodo vengono infatti dati alle stampe alcuni dei libri più belli delle Edizioni delle donne.

Accanto ad autrici classiche di oggi e di ieri come Gertrude Stein (*Sono soldi i soldi?*), Ingeborg Bachman (*Luogo eventuale*), Marguerite Duras (*Agatha*) e Mary Shelley (*Mathilda*), trovano spazio anche scrittrici meno note.

Delle firme più conosciute si preferisce pubblicare opere che non hanno ancora raggiunto il lettore italiano, evitando l'effetto di cristallizzazione attorno a un unico titolo che ha colpito, e da cui è finalmente riscattata, l'autrice di *Frankestein*.

Una scelta interessante è la pubblicazione dei racconti di Sarah Orne Jewett, scrittrice del Maine vissuta nella seconda metà dell'Ottocento, esempio raro e precoce di dedizione alla letteratura, prima donna ad aver ricevuto una laurea *honoris causa* da un'università americana.

La traduttrice Margherita Guidacci individua proprio nel racconto la dimensione narrativa ideale di Sarah Jewett, sebbene quest'ultima abbia firmato anche cinque romanzi. Nelle opere di maggior respiro infatti, l'abile cesellatura della pagina si contrappone a una certa staticità dell'azione. Del resto, con una metafora che è un'onesta valutazione del proprio talento, Jewett ammette di sentirsi «in grado di addobbare il teatro, di presentare gli attori, lo sfondo, il pubblico, ma poi» continua «non c'è nessuna recita!... Non ho talento drammatico...»[128], intendendo con esso la capacità di sviluppare trame complesse.

L'opera della scrittrice del Maine si inserisce in quel filone della cosiddetta narrativa «di colore locale» fiorito durante i vent'anni successivi alla guerra civile, quando l'estendersi della rete ferroviaria aveva reso accessibili certi angoli remoti del paese fino a quel momento poco battuti.

Mentre, però, l'industrializzazione permette per la prima volta di scoprire costumi e tradizioni locali, allo stesso tempo ne minaccia l'integrità e la stessa sopravvivenza. Fissarli sulla scrittura ha quindi, per molti autori americani del periodo, l'intento di preservarli; mentre per altri è solo un bieco tentativo di sfruttamento commerciale di un genere. Per Jewett né l'uno né l'altro. La sua scrittura si pone come un ponte fra il tradizionale abitante del Maine, il contadino, e il nuovo venuto. Tra i due mira a costruire un dialogo, a entrambi intende fornire occasioni di reciproca conoscenza.

Oltre al polo città/campagna, un'altra coppia di opposizioni che si incontra spesso nella narrativa della scrittrice è quella tra vecchi e giovani. Certamente anziana è la lady Ferry dell'omonimo racconto, ma il punto di vista scelto dall'autrice, quello di una giovanissima voce narrante, una bambina, fa sì che l'indefinibile età della donna si allunghi caricandosi di mistero (non sono assenti echi di Poe e Hawthorne nella prosa di Jewett), fino a lasciarci quasi persuasi della sua immortalità.

Anche gli altri racconti proposti dal volume *Lady Ferry* hanno protagoniste femminili e, se *Un airone bianco* è narrato in terza persona, in *La camera del paesaggio* c'è ancora una donna che racconta con la propria voce la vicenda.

L'ultima ricerca intrapresa dalle Edizioni delle donne è quella sul contributo femminile al futurismo. A tal proposito vengono pubblicati due volumi, entrambi a cura di Claudia Salaris, storica dell'arte specializzata in avanguardie.

Il primo è un'antologia che si propone di rintracciare la presenza femminile all'interno della poesia e della prosa futurista, cercandola non esclusivamente tra i nomi più noti: «non solamente Valentine de Saint-Point e Benedetta, dunque, ma anche le cosiddette "minori", tutte quelle artiste non ancora studiate, che videro nel futurismo la possibilità di esprimérsi [...]»[129].

Sempre a Claudia Salaris si deve la pubblicazione del romanzo futurista di Rosa Rosà, *Una donna con tre anime*, che di questa possibilità rende perfettamente conto.

Nata a Vienna come Edith von Haynau (1884-1978), Rosà inizia a scrivere – prima interventi per la rivista fiorentina «L'Italia futurista», poi racconti e romanzi – e a disegnare, illustrando i libri degli amici artisti e partecipando alla Grande Esposizione Nazionale Futurista del 1919 e a quella Internazionale del 1922.

Rosà scopre di potersi dedicare all'arte in un momento in cui, con i mariti al fronte, molte donne fanno ingresso nel mercato del lavoro, sperimentando ruoli inediti in spazi a loro negati a lungo. «Le mura del gineceo sono saltate in aria»[130] scriverà, ignara che il fascismo di lì a poco quelle mura avrebbe tentato di rimetterle in piedi, o forse già consapevole che, al di là di qualsiasi recrudescenza della storia, il cambiamento sarebbe stato inarrestabile.

Scrive rivolgendosi alla donna «del posdomani», cui sarà permesso di realizzarsi in maniera diversa che come moglie e come madre. Per lei si batte contro tutti coloro che temono il cambiamento sociale, pur non dichiarandosi mai femminista (dirà di sé di considerarsi «un'ista per cui la prima parte della parola ancora non è trovata»)[131].

Le Edizioni dedicano un libro anche alla più nota tra le donne ad aver lottato per affermarsi come pittrice: Artemisia Gentileschi, prima esponente del suo sesso a essere ammessa all'Accademia del Disegno di Firenze nel 1616. Figlia d'arte, Artemisia aveva imparato i rudimenti del mestiere dal padre, il pittore caravaggesco Orazio Gentileschi. Quest'ultimo, chiamato nel 1611 dal cardinale Scipione Borghese ad affrescare il Casino delle Muse nel giardino di villa Pallavicini, conosce un collega più giovane, Agostino Tassi detto «lo Smargiasso».

Diventato «intrinseco amico e compagno»[132] di Gentileschi, Tassi viene introdotto a casa sua dove tiene lezioni sull'uso della prospettiva ad Artemisia finché, con la complicità di una vicina che abita nel medesimo palazzo, la stupra.

I dettagli della violenza sono raccontati da Artemisia con una precisione dolorosamente pittorica.

Quel giorno di marzo si fanno dei lavori di muratura, la casa è aperta per consentire agli operai di passare. Agostino, insinuatosi nell'abitazione, trova Artemisia intenta a dipingere. Le impone di smettere: «Non tanto depingere, non tanto depingere». Che serve, sembra dire, «tanto depingere», se sei una donna? Poi manda via Tuzia, la vicina, che Artemisia implora inutilmente di restare. Infine consuma la violenza.

A essere pubblicati dalle Edizioni delle donne sono proprio gli atti del processo che sarà celebrato nel 1612 dal tribunale di Roma. È il padre Orazio a presentare la denuncia. In fondo, sembra che sia lui la parte lesa. Anzi, già che un processo dev'essere istituito, il pittore pensa di denunciare col medesimo dibattimento anche il furto di un quadro, «una Iuditta di capace grandezza»[133]. La tragedia di una figlia violentata non fa insomma dimenticare il danno economico subìto.

Perché proporre oggi, alla lettura, questo processo? si chiedono le Edizioni delle donne. È una domanda legittima. «Perché riesumare tante violenze, tante ruffianerie, che istruttoria e sentenza non hanno giudicato ma esibito, messo in scena, raddoppiato?»[134].

Una risposta potrebbe essere che il processo seicentesco sullo stupro di Artemisia presenta tutti i vizi dei dibattimenti per violenza carnale, così come erano stati denunciati dall'avvocata Tina Lagostena Bassi nello storico documentario *Processo per stupro*[135], appena di due anni precedente al libro.

Tanto per cominciare, sembra che Artemisia sia costretta a difendersi, mentre il carnefice Tassi, da imputato, si trasforma rapidamente in accusatore. Colto più volte in contraddizione e privo di un alibi, non riesce a fare di meglio che infamare la pittrice: Artemisia diventa una «che fa la civetta»[136] alla finestra, poi addirittura una prostituta, iniziata al mestiere dal padre.

Così, all'interrogativo delle editrici «A quasi quattrocento anni di distanza, vogliamo per caso dimostrare che gli Smargiassi sono di tutti i tempi?»[137] siamo costretti a rispondere di sì.

Tassi viene condannato a scegliere tra un periodo di lavori forzati o l'esilio da Roma: sceglie quest'ultima opzione, ma resta di fatto in città dove continua a lavorare. È Artemisia, invece, a dover lasciare Roma, costretta dallo scandalo. Vi ritornerà, seppur brevemente, dopo la fama costruita a Firenze e prima del trasferimento a Napoli.

Prima di congedarci dai libri di Edizioni delle donne, rimane ancora una loro particolare caratteristica da rilevare, che riguarda in maggior grado quelli scritti da una voce singola. È il tentativo che le editrici fanno di creare una sorta di familiarità del lettore con l'autrice, senza darla per scontata, presentandone per prima cosa l'immagine.

Mary Shelley intenta a scrivere; Artemisia, cui Tassi non è riuscito a strappare il pennello per sempre, colta a dipingere; Calamity Jane col suo fucile; Gertrude Stein, solida nel suo studio parigino dal mobilio altrettanto solido. Di tutte loro, e delle altre, abbiamo nei volumi un ritratto o una fotografia che ce ne restituisce l'aspetto fisico e, almeno in parte, il temperamento.

3.2.4 La fine delle Edizioni delle donne

Le Edizioni delle donne chiudono nel 1982. L'avventura della prima casa editrice femminista italiana propriamente detta termina a Milano, in un luogo diverso da quello in cui era iniziata. Già il trasferimento è rivelatore del tentativo combattuto fino all'ultimo di rimanere, battagliere e competitive, in un panorama nazionale che è rapidamente cambiato rispetto a quello degli anni settanta.

Dopo molto fervore ideologico, complice la crisi economica, i gusti del pubblico si erano orientati infatti verso proposte più leggere ed evasive, che penalizzavano soprattutto la piccola editoria di sinistra.

Gli editori denunciano l'ennesima crisi del libro, che oggi appare piuttosto come un'enorme opera di riassestamento dell'intero sistema. L'organizzazione manageriale e la riduzione dei costi che ne è seguita, pur se non priva di difficoltà, è stata più semplice per le case più grandi. Il bilancio, per gli altri, è drammatico: molte sigle chiudono, mentre tramonta definitivamente l'epoca dell'editore protagonista, l'imprenditore capace di plasmare completamente l'immagine della sua casa sulla propria.

Su questo sfondo, alla fine delle Edizioni delle donne concorre una serie di cause.

La sede era stata trasferita a Milano allo scopo di curare di più i rapporti con la distribuzione e la tipografia, ma la redazione, cuore e cervello della casa editrice, è rimasta a Roma. Purtroppo la comunicazione tra le due città si rivela complicata, come confida Maria Caronia: «a Roma continuava a svilupparsi un pensiero sull'editoria, mentre io ero costretta a un lavoro con i tempi di Milano, con le quarte di copertina che andavano consegnate quattro o cinque mesi prima per la distribuzione e da Roma mi dicevano che ne stavano ancora discutendo»[138].

Tra le socie nascono alcune difficoltà di rapporti, tanto che Manuela Fraire ed Elisabetta Rasy decidono di abbandonare il progetto, ma è soprattutto evidente ormai come le Edizioni delle donne scontino la mancanza d'esperienza. Proprio per questo, una volta individuata la soluzione che avrebbe potuto salvare la casa – un sistema che prevede l'acquisto di quote, ancora sul modello delle Éditions des femmes – non si riesce purtroppo a metterla a punto in modo tale da scongiurare la chiusura.

L'errore è stato quello, fatale, di associare all'intervento finanziario la possibilità di pesare sulle scelte editoriali. Avendo fissato per le quote di partecipazione il prezzo molto basso di 250 000 lire, le Edizioni si trovano ben presto circondate da un gran numero di persone che pretendono di avere, e di fatto hanno, voce in capitolo su ciò che andrebbe pubblicato.

Diventata ormai la situazione ingovernabile, si decide di vendere agli Editori Riuniti, nella speranza che continuino le pubblicazioni. «Forse» rivela Maria Caronia «se ci avessero detto: "Non ce ne occupiamo più, vi diamo solo i soldi", non l'avremmo venduta a loro»[139]. Non si può in realtà escludere che con l'acquisizione i nuovi proprietari nutrissero un progetto più ambizioso, che non sono riusciti a realizzare. Il fatto è che gli Editori Riuniti in quegli anni pagano loro stessi gli effetti di una crisi che li colpisce su più fronti: economico in quanto piccolo editore, identitario in quanto casa editrice di proprietà del Pci.

«Qui a Milano ho capito che non si può fare una distribuzione del lavoro così allargata, così poco affidata alle competenze e troppo alla buona volontà e all'estro. Insomma un'utopia», conclude Maria Caronia. Ma aggiunge subito che l'esperienza con le Edizioni delle donne «per noi quattro era stata proprio questo: l'utopia»[140].

3.3 La Tartaruga edizioni, o Laura Lepetit

«Quando mi chiedono perché ho chiamato la casa editrice, che pubblicava solo libri di donne, la Tartaruga edizioni, rispondo ogni volta in modo diverso. In realtà mentre cercavo un nome per la casa editrice mi è capitato di leggere un articoletto su una rivista che diceva: "La tartaruga è un animaletto simpatico, va piano, si porta la casa appresso e si contenta di qualche foglia di insalata". Ah, ma questa sono io, ho pensato. Mi piace andar piano, mangio molta insalata e mi porto sempre appresso la casa»[141] (Laura Lepetit).

Nel 1975, Laura Lepetit, che ha già quarantatré anni, fonda a Milano una casa editrice per pubblicare libri scritti solo da donne.

Laura, nata a Roma nel 1932, si era trasferita a Milano durante l'adolescenza e si era laureata in Lettere moderne alla Cattolica. Dopo il matrimonio con un industriale, la maternità e qualche esperienza di lavoro come insegnante supplente, nel 1965, con Anna Maria Gandini che fino ad allora si era occupata di vini, e il sostegno di un gruppo di amici, rileva la libreria Milano Libri, in via Verdi. Per iniziativa e su un'idea di Giovanni Gandini, marito di Anna Maria, Milano Libri diventa l'editore di «Linus», la rivista a fumetti con le strisce dei Peanuts, che ebbe immediatamente un successo travolgente.

Sempre in via Verdi, a pochi passi dalla libreria, abitava Carla Lonzi, che era stata una critica d'arte molto nota prima di fondare il gruppo femminista di Rivolta Femminile: «E così un pomeriggio arrivai a casa di Carla in via Verdi, nell'autunno del 1970. Era una casa piccolissima, molto ordinata, quasi spoglia, c'era solo l'essenziale e qualche opera d'arte moderna. Quel rigore mi colpì a prima vista. Anche Carla colpiva. Era alta, sottile, elegante, in modo altrettanto essenziale e non comune»[142].

La frequentazione di Carla Lonzi, guida riconosciuta del gruppo di Rivolta Femminile, gli incontri e i confronti con le altre donne, le sedute di autocoscienza, lo scambio di opinioni, non ostacolato dalle differenze d'età e di condizione sociale ma con il substrato comune dell'essere donna, è per Lepetit una fondamentale esperienza, vissuta sempre sotto la guida di Carla Lonzi, che sapeva «in che direzione alzare le vele e tenere il timone. Tutta la sapienza contenuta nel Manifesto di Rivolta Femminile, pubblicato quello stesso anno e scritto da lei, Carla Accardi ed Elvira Banotti, era profondamente parte di lei e non lasciava posto a indecisioni o tentennamenti»[143].

Da questi incontri, proprio nel gruppo e nemmeno da Laura, nasce l'idea di una casa editrice che pubblichi scritti di sole donne, di varie autrici, non solo di quelle che al gruppo appartenevano, come già si faceva per gli Scritti di Rivolta Femminile pubblicati in proprio e scelti da Carla Lonzi. Laura si innamora dell'idea, che faceva parte della sua esperienza di lettrice prima e di libraia dopo. Intuisce subito che questa è la sua strada, ma percorrerla causerà una rottura insanabile con Carla Lonzi che, dopo un primo momento, muta il suo evidente interesse con la ferma convinzione che quell'impresa avrebbe significato dover accettare le regole commerciali e il mondo della competizione, senza la libertà di pubblicare fuori dal contesto, come faceva Rivolta. La rottura fu irreparabile, anche con tutto il gruppo di Rivolta che inevitabilmente si schierò con Carla.

Laura Lepetit era cosciente di avere già una buona esperienza nel vendere libri, ma di non sapere quasi nulla quanto a pubblicarli. Con Annamaria Gandini aveva realizzato una libreria a misura di donna e d'uomo, e adesso voleva creare una casa editrice per pubblicare ottime autrici, trascurate e ignorate dagli altri editori in quanto donne. Alla base della decisione di fondare la casa editrice c'è comunque il suo rapporto quasi fisico con i libri, la convinzione di poterli fiutare, sentirne l'odore e le vibrazioni, come un cane da tartufi: «Ho sviluppato la ferma convinzione che incontrare il libro giusto al momento giusto fosse un fatto fondamentale e necessario. Questa convinzione non l'ho mai persa. E proprio questa convinzione, al momento buono, mi ha spinta, piena di entusiasmo e di imprudenza, a mettere in piedi La Tartaruga edizioni, per riempirla di libri assolutamente necessari, da leggere a ogni costo»[144].

Come era accaduto a Carmen Callil per *Frost in May* di Antonia White, l'incontro con un libro, *Tonio Kröger* di Thomas Mann, aveva da tempo convinto Laura del valore inestimabile dell'esperienza della lettura.

Con l'aiuto di Giovanni Gandini contatta Erich Linder, un importante agente letterario che, messo a parte del progetto, mostra grande interesse e attenzione e le offre consigli certo molto saggi e pieni d'esperienza; come la necessità per cominciare di un cospicuo capitale, di un catalogo per almeno due anni di programmazione, l'utilizzo di un nome proprio per il nome della casa editrice, e così via. Lepetit non possedeva alcuna delle cose materiali richieste, ma andò avanti comunque con entusiasmo, convinzione, professionalità seppur improvvisata, e scelte di qualità. Aveva intuito con grande chiarezza che quella era la sua strada e che questa convinzione non si poteva più cancellare.

Per i primi anni la sede della casa editrice sarà in via della Spiga, in una stanza messa a disposizione, insieme a una brava segretaria, da Giovanni Gandini, con l'aiuto e i consigli di Linder e, in seguito, di Goffredo Fofi. Quanto al nome, la stessa Laura ci dice: «È giunto anche il momento di confessare il dubbio che si era insinuato nella mia testa che un giorno mi sarei stufata delle donne e della loro nobile causa e che era meglio scegliere per la casa editrice un nome ambiguo e adattabile. Così mi lasciai alle spalle le Éditions des femmes, le Women's Press, le Frauenoffensive, le Virago Press che fiorivano dovunque e mi dedicai a raccogliere paziente le mie foglie di insalata. Inutile previdenza, delle donne non mi sono ancora stufata e dubito che lo farò nel tempo che mi resta»[145].

Sempre nel 1975 apre a Milano, in via Dogana 2, proprio dietro il Duomo, la Libreria delle donne[146], di cui Laura è assidua frequentatrice, soprattutto dopo la rottura con Carla Lonzi. È lì che conosce Rosaria Guacci, allora insegnante di Italiano e Storia in un istituto di geometri di Cinisello Balsamo, che arrivava a Milano da Parma ogni settimana per partecipare agli incontri femministi del giovedì. Rosaria, sempre in ritardo, ma entusiasta, appassionata di letteratura e di libri, accetta subito la proposta di Laura di andare a lavorare il pomeriggio per la Tartaruga. Dopo pochi anni abbandona del tutto l'insegnamento e si dedica a tempo pieno alla casa editrice. A quel punto l'organico della Tartaruga era composto da Laura Lepetit e Rosaria Guacci, oltre a un ufficio stampa sporadico rappresentato della fiorentina Silvia Servi e al controllo della commercialista Bice Mauri sugli instabili bilanci.

A Milano in quel periodo nascevano molte imprese libertarie e autogestite. Tra queste, nel 1976, Radio Popolare, che a differenza di altre durerà ed è viva anche adesso, e il Cicip. Il legame di Laura Lepetit con entrambe è forte.

A Radio Popolare si avvicina negli anni ottanta tramite Bruna Miorelli, moglie di Biagio Longo, uno dei fondatori. Bruna aveva inventato una trasmissione settimanale che parlava di libri e di donne, *Ciao Bella*, della durata di quasi un'ora, che non prevedeva alcuna preparazione tranne la scelta dell'autrice o del libro di cui parlare. A fare questa trasmissione erano solo in tre, Bruna con Laura e Rosaria, e quando *Ciao Bella* finirà, le tre collaboreranno anche a *Sabato Libri*, con la conduzione di Miorelli.

Il Cicip invece, nato nel 1981 per l'ispirazione e il lavoro di Nadia Riva e Daniela Pellegrini, si trovava nel centro di Milano in via Gorani, angolo Moriggi, al piano terra di una casa occupata. L'ingresso era da una porticina con campanello e apertura automatica, ritagliata in un grande vecchio portone di legno deteriorato dalle intemperie. Nadia e Daniela avevano con le proprie mani ripulito e sistemato lo spazio del bar e del ristorante, il cui nome completo era Cicip e Ciciap, un'onomatopea che ricordava proprio il cicalare delle donne. Circolo culturale e politico assolutamente separatista, al Cicip gli uomini non erano ammessi. Così Laura Lepetit lo ricorda: «Questa notte ho sognato di essere al Cicip e ho pensato – allora c'è ancora, allora non è cambiato niente – e mi sono sentita molto felice. In realtà il Cicip non c'è più e quello

era un sogno. [...] Intelligente o banale, bellissima o brutti-
na, grassa o magra, lesbica, etero, bisex, vergine, assatanata o
frigida, astemia o bevitrice, ogni donna entrando al Cicip ac-
quistava una levità extraterrestre, un'aureola che la rendeva
unica e interessante»[147].

Tra le attività del circolo Cicip, ci fu anche una rivista, «Flut-
tuaria», che Nadia Riva aveva cominciato a scrivere a mano
e che, con l'impegno di brave ed entusiaste collaboratrici volontarie, diventò a stampa con copertine e illustrazioni delle
più note artiste, come Carol Rama e Valentina Berdinone.

La Tartaruga edizioni si afferma in questo particolare e vivo
contesto, di presenza di donne, di lavoro di donne, di scritture
e libri di donne, e questa impresa editoriale viene impostata e
vissuta come solo le donne possono fare, con cure e pensieri
trepidanti, con intuizioni, attese e incontri per uno scritto o
per un'autrice.

Alla base delle scelte editoriali, specie nel primo periodo,
non si riscontrano regole sistematiche, ma piuttosto un canone
flessibile con alcune invarianti: la presa di coscienza della specificità femminile, l'ambiente e i suoi condizionamenti sulle
donne, il ruolo imposto dal patriarcato e la volontà di liberar-
sene, la consapevolezza. Tutto espresso in un mosaico di saggi,
scritti autobiografici e romanzi di grande valore letterario –
senza che abbia rilievo se l'autrice sia o meno conosciuta – che
vanno a costruire a poco a poco un catalogo che è un vero
patrimonio di genere.

Dal 1975 al 1997, vengono pubblicati duecentosettantasei
volumi di centottantuno autrici. Tra questi, negli anni novanta, anche due antologie, a cura di Rosaria Guacci e Bruna
Miorelli, di racconti di autrici italiane, dal titolo *Racconta* con
scritti dalla grande Anna Maria Ortese all'ancora sconosciuta

Silvia Ballestra, che partecipano con entusiasmo, senza pre-occuparsi del fatto che la Tartaruga fosse una casa editrice dichiaratamente ed estremamente femminista.

Cristina Carnelli, nella sua curatissima tesi di laurea[148], descrive l'attività della casa editrice, con i primi anni dedicati a una sperimentazione di linee editoriali che vedono un accumularsi di libri editi senza una divisione per tipologie o collane. Dagli anni ottanta in poi, avviene invece la distinzione per collane; dalla «Narrativa» ai gialli e noir della «Tartaruga Nera», dai «Saggi» alla fantascienza della «Tartaruga Blu», dagli «Epistolari» fino ad arrivare a «Pocket», «Varia» e «Quadrifoglio».

Il catalogo della Tartaruga si specializza ed entrano in questo progetto opere e autrici varie, senza però perdere il gusto culturale caratteristico della casa editrice e il suo profondo interesse a mostrare le sfaccettature della presa di coscienza delle donne. I libri del catalogo sono pezzi di un discorso tra donne senza la maschera di difesa che avevano a lungo indossato per la pressione del patriarcato.

Laura Lepetit oggi afferma: «Ogni tanto scopro di aver pubblicato dei libri di cui nemmeno avevo capito un gran che ma che al fiuto mi sembravano giusti e difatti è stato così. Un vero editore è dotato di questa capacità olfattiva, se pubblica per ragionamento o per calcolo non è bravo e ci se ne accorge»[149].

E ancora: «La mia opera principale mi sembra quella di aver costruito il catalogo della Tartaruga edizioni. Mentre ne mettevo insieme i pezzi non me ne accorgevo ma ora, guardando indietro, mi rendo conto di aver fatto un disegno molto preciso»[150].

3.3.1 I primi dieci anni (1975-1985)

L'incontro tra la casa editrice la Tartaruga e le autrici è un vero incontro d'amore, sia quando avviene di persona sia attraverso le opere. Per capire il significato e il valore della casa editrice, ripercorriamo allora con Laura Lepetit alcuni di questi incontri, quelli che lei stessa ricorda come fondamentali nella sua recente *Autobiografia di una femminista distratta*.

La prima pubblicazione della Tartaruga, nel 1975, è l'edizione in lingua italiana di *Le tre ghinee* di Virginia Woolf, scritto nel 1938 ma fino ad allora non ancora tradotto in italiano. Lepetit, che ha una vera adorazione per Woolf e il modo di vivere del circolo di Bloomsbury, lo giudica un testo profetico e audace, che non ci si stanca di rileggere, «una farfalla sopra un falò», come Virginia aveva scritto nel suo diario; una farfalla che non perde i suoi colori mentre il falò della guerra cui alludeva si è spento. Quando è stato scritto, il testo fu considerato eccessivo e venne poi per molto tempo dimenticato dalla critica ufficiale, per essere riscoperto negli anni settanta da quasi tutte le case editrici femministe.

Poco dopo averne acquistato i diritti, Laura si reca a Londra, per vedere da vicino la Hogarth Press, fondata da Leonard e Virginia, che nel 1946, dopo il suicidio di Virginia nel 1941, era diventata una casa affiliata a Chatto & Windus e si trovava in una viuzza nascosta vicina a Trafalgar Square.

Lepetit ci descrive un incontro con una classica attempata signora inglese in una stanza piccola, disordinata e polverosa – meravigliosamente corrispondente a quanto si era prefigurata – dal quale esce felice con un contratto stampato e firmato su una bella carta con il famoso simbolo della Hogarth Press disegnato dalla sorella di Virginia, Vanessa.

Nel 1976, la Tartaruga edizioni pubblica tra i suoi primi titoli *La Bambina*, esordio di Francesca Duranti. Il racconto offre un memorabile ritratto di madre.

La vicenda è incentrata sulla formazione di Francesca, la Bambina, in una grande villa nei pressi di Lucca, dove la famiglia era sfollata durante la Seconda guerra mondiale. La Mamma non solo detta le regole per la famiglia, ma è in grado di incutere rispetto e quasi un sacro terrore anche ai militari che requisiscono la villa, prima tedeschi e poi americani.

Il momento epico di formazione della Bambina è una cocente ma fortificante delusione: per aver salvato la sorellina da un incendio, le viene chiesto di esprimere un desiderio. Coraggiosamente, la Bambina annuncia di non voler più portare le trecce e il colletto bianco, ma la richiesta è subito tranquillamente e fermamente respinta dalla Mamma. Grazie a questo, comunque, la Bambina diventerà una donna indipendente e una brava scrittrice.

Laura Lepetit ci racconta che, con la pubblicazione di *La Bambina*, termina anche la carriera di moglie e casalinga di Francesca Duranti, che non deve però serbarne rancore dato che, quando nel 2010 *The Little Girl* viene pubblicato in Inghilterra, lo dedica a Laura con affetto e gratitudine.

Nel primo anno di vita della casa editrice, Lepetit si imbatte in un testo che la colpisce a causa della sua assonanza con *Una stanza tutta per sé* di Virginia Woolf. Si tratta di *Una vita tutta per sé* di Joanna Field, il cui vero nome era Marion Milner. La Tartaruga lo pubblica con un disegno di un drago sulla copertina, che si riferiva insieme a un capitolo del libro, «Paura di un drago», e a un disegno della stessa autrice che rappresentava visivamente le paure e le difficoltà della vita, da affrontare a viso aperto per non essere divorati. «Col metterlo in copertina forse avevo cercato di esorcizzare il mio drago personale. Ad ogni modo ci stava benissimo»[151].

Durante il viaggio a Londra per la Hogarth Press, Laura Lepetit aveva preso un appuntamento anche con Marion Milner, perché desiderava conoscere l'autrice di un testo così particolare, fatto di descrizioni di sensazioni e avvenimenti del quotidiano piccoli solo in apparenza. Ricorda l'incontro in una casa di abitazione molto londinese, con qualche gradino prima dell'ingresso e un giardinetto sul retro, in un quartiere fuori mano. Milner, che aveva già settantacinque anni, era stupita dell'interesse per il suo primo libro, che era stato pubblicato nel 1934 e poi riproposto da Penguin nel 1952, con l'edizione che era arrivata a Laura. In realtà la scelta della Tartaruga di ripubblicarlo nel 1977, dopo venticinque anni di silenzio, si rivela giusta, tant'è che ne è seguita anche un'edizione americana, nel 1986, con una postfazione dell'autrice.

Nel 1979 la Tartaruga dà alle stampe, per la prima volta in Italia e con la traduzione di Marisa Caramella, *Il libro di cucina* di Alice B. Toklas, compagna di Gertrude Stein.

Il loro salotto artistico e letterario negli anni tra le due guerre aveva visto ospiti illustri, tra cui Picasso, Matisse, Hemingway, Fitzgerald, Sherwood Anderson e molti altri. Dopo la morte di Gertrude, un editore chiede ad Alice di scrivere le sue memorie; lei replica di sentirsi in grado di scrivere, al massimo, un libro di cucina. È così che nel 1954 nasce *The Alice B. Toklas Cook Book*, una raccolta di ricette e di ricordi in realtà non solo culinari. E un aneddoto divertente è anche quello che accompagna l'uscita italiana, per festeggiare la quale Rosaria Guacci e Laura Lepetit, insieme ad alcune amiche della Biblioteca delle donne di Parma, organizzano una cena a casa di Liliana Rampello con un menù rigorosamente ricavato dalle ricette di Alice Toklas, che prevede un dessert a base di dolcetti di cioccolato all'hashish.

L'anno successivo la Tartaruga pubblica, nella traduzione di Giulia Niccolai, *La storia geografica dell'America* di Gertrude Stein. Gertrude è ancora oggi l'autrice preferita di Laura Lepetit, che ne ammira l'intelligenza, la vitalità, la forza. L'americana Stein adora mangiare i piatti cucinati da Alice, ama la compagnia, la campagna francese e soprattutto la letteratura e la scrittura. E poi, come Laura, è convinta totalmente che «il più intenso e approfondito pensare sulla natura della letteratura del ventesimo secolo è stato fatto da una donna»[152], come la stessa Gertrude scrive proprio ne *La storia geografica dell'America*. La poetessa e scrittrice Giulia Niccolai era riuscita mirabilmente a tradurre un testo pieno di ripetizioni, varianti e giochi di parole, difficilissimo, e quel testo cambiò anche la sua vita; dato che il filosofare della Stein è simile al pensiero buddista e la Niccolai, come racconta lei stessa nella prima parte della sua autobiografia, *Esoterico biliardo*, diventò buddista.

Sempre nel 1980, viene pubblicato dalla Tartaruga uno scritto di Bibi Tomasi, *La sproporzione*, con la prefazione della filosofa Luisa Muraro. Tomasi era, e fu fino alla morte avvenuta agli inizi di questo secolo, una delle più fedeli femministe e animatrici della Libreria delle donne di via Dogana, e divenne una cara amica di Laura Lepetit: «Bibi era buffa, somigliava un po' a Sartre perché aveva un occhio indipendente e degli spessi occhiali di tartaruga. [...]

Dopo gli animali e le donne la sua grande passione era scrivere. Per vivere lavorava con la rivista "Confidenze" dove pubblicava racconti di vita vissuta e rubriche di consigli letterari. Così tutti i libri della Tartaruga, anche se sicuramente troppo difficili per il pubblico delle lettrici della rivista, venivano amabilmente censiti sulle pagine di "Confidenze"»[153].

Tomasi scriveva per se stessa riportando racconti della vita quotidiana, nei quali riferisce di incontri in libreria con amiche, figli e animali; trasposti in uno stile particolare, quasi senza punteggiatura e con lunghi periodi.

Il titolo *La sproporzione* allude all'ingiusta asimmetria dei rapporti tra uomini e donne.

Quasi casuale, su una bancarella, era stata la scoperta da parte di una consulente «a tempo perso» della casa editrice, di una vecchia copia di *Nascita e morte della massaia*, di Paola Masino, che sarà poi edito dalla Tartaruga nel 1982.

Masino, compagna di Massimo Bontempelli, abitava a quel tempo a Roma nel quartiere Parioli. Laura Lepetit va a trovarla insieme all'amica Silvia Giacomoni, moglie di Giorgio Bocca, autrice di una bella prefazione alla ristampa del 1982. Trova una signora dall'aria severa, in un appartamento perfettamente in ordine, con un gran terrazzo pieno di piante curate, come si addice a una vera massaia. L'appartamento era anche pieno di quadri di artisti famosi, e tra questi un De Pisis con il ritratto della scrittrice da giovane, bella ed elegante.

Dopo la morte di Bontempelli, Paola Masino si era dedicata a raccoglierne e archiviarne l'opera e non aveva scritto quasi nulla. Considerava quindi il suo libro ormai destinato all'oblio, non più di interesse per una pubblicazione. Era stato proprio Massimo Bontempelli a consigliarle di scriverlo, tra il 1938 e il 1939, dato che la vedeva molto affaccendata con le incombenze domestiche. Il testo, ritenuto troppo irriverente durante il periodo fascista, fu pubblicato nel dopoguerra.

Narra con ironia la nascita e la morte di una massaia, una figura simbolica che, dopo un inizio da ribelle, accetta di essere moglie e casalinga e infine muore, riassettando la sua tomba. Destino femminile emblematico, come anche quello della sua autrice, che pur avendo scritto quello che Laura Lepetit ritiene un capolavoro assoluto, che dovrebbe avere un posto nella storia della letteratura italiana, considerava molto più importante l'opera del suo compagno di vita, Bontempelli.

Tra le autrici italiane, la Tartaruga pubblica nel 1983 anche una raccolta di racconti di Anna Banti, con il titolo *Il coraggio delle donne*.

La straordinaria autrice, secondo Laura «una Virginia Woolf tutta per noi»[154], viveva allora a Firenze, alla Fondazione Longhi, ed era già avanti con gli anni. Laura Lepetit va a trovarla perché vuole il suo assenso a includere nella raccolta il racconto *Lavinia fuggita*, che giudica un incanto, perfetto anche per un film. Banti, ancora acuta e attenta, sebbene assistita da una segretaria che fa le veci di badante, si mostra un po' preoccupata perché proprio quel racconto avrebbe dovuto essere pubblicato a breve su un Meridiano Mondadori. Laura riesce a convincerla, dicendo che non vuole l'esclusiva ma solo i diritti per la raccolta: «Dopo la mia visita telefonò a Cesare Garboli e gli disse: "Simpatica la ragazza che mi hai mandato. Non capisce niente, ma è simpatica". Era vero, sapevo poco di lei e della letteratura italiana in genere, ma ero lastricata di buone intenzioni come la via dell'inferno»[155].

Un'insistenza che dobbiamo ringraziare, perché la pubblicazione del racconto *Lavinia fuggita* sul famoso Meridiano è avvenuta solo di recente, proprio mentre Laura Lepetit stava scrivendo la sua autobiografia.

Sempre nel 1983, esce *Tanto vale vivere* di Dorothy Parker. Nel 1985, su consiglio di Goffredo Fofi, la Tartaruga pubblica ancora Virgina Woolf, con *Flush*, riproposto da nottetempo nel 2012, e *La mia Antonia* di Willa Cather, recentemente ristampata da Elliot nel 2015.

3.3.2 Ancora una casa editrice indipendente (1985-1997)

Più che una scoperta, un'autentica invenzione di una scrittrice con un talento per il giallo è quella che Rosaria Guacci fa della catanese Silvana La Spina.

Silvana scriveva enormi manoscritti sui Siculi e i Normanni, che inviava alla casa editrice, che li giudicava impubblicabili, seppure molto ben scritti. Rosaria e Laura decidono allora di proporle la scrittura di un romanzo giallo, che per le regole del suo genere avrebbe costretto l'autrice a non disperdersi e a non divagare, ma a tenere una misura.

Fu così che in poco più di mese nacque *Morte a Palermo*, un giallo breve dall'ottimo stile con una bella suspense e personaggi intriganti e ben caratterizzati.

Il romanzo fu subito pubblicato nel 1987 nella collana di gialli «La Tartaruga Nera», vinse il premio Mondello Opera prima e diede inizio alla carriera letteraria di Silvana La Spina, che è diventata una scrittrice nota, oggi pubblicata da grandi editori.

Con l'intervista di Leopoldina Pallotta della Torre a Marguerite Duras in *Marguerite Duras. La passione sospesa*, edito dalla Tartaruga nel 1989 e poi da Archinto nel 2013, troviamo invece una risposta alla questione, che viene spesso sollevata, se esista una differenza tra la scrittura femminile e la scrittura maschile.

Duras, alla domanda posta, risponde che la differenza sta nell'autenticità della scrittura, perché la donna da sempre ha un rapporto intimo e naturale con il silenzio, quindi con la conoscenza e l'ascolto di sé. Questa autenticità manca a suo avviso nella scrittura maschile, che ha una struttura che rimanda a saperi teorici e ideologici.

Con la pubblicazione nel 1990 del libro di memorie di Angelica Garnett, *Ingannata con dolcezza*, la Tartaruga ritorna idealmente al circolo di Bloomsbury e a Virginia Woolf. Angelica è infatti la figlia di Vanessa Bell, sorella di Virginia.

Il titolo è da riferirsi alla circostanza, rivelata dalla madre ad Angelica quando aveva compiuto diciotto anni, che il suo vero padre non era il marito Clive Bell, ma Duncan Grant: pittore affascinante, bello e omosessuale dichiarato, amante di Vanessa.

Un anno dopo la pubblicazione del libro Laura Lepetit, assieme al caro amico Umberto Pasti, incontra Angelica per intervistarla nel Sud della Francia dove viveva, a Saint Étienne les Orgues, in Alta Provenza. Dopo l'arrivo nel villaggio, prendono appuntamento con l'autrice per il mattino successivo nell'unico bar dell'unica piazza del paese. Mentre bevono un caffè, sono sorpresi dall'apparire in fondo alla piazza di una figura che non avrebbero più dimenticato: alta e sottile, quasi irreale per un lungo vestito bianco e un cappello di paglia, scompigliata da un vento leggero, avanzava con un incedere elegante senza quasi toccare il terreno. «Era Virginia! Tale e quale alle foto che ci rimangono di lei, il corpo magro, lungo e un po' curvo, i lineamenti del volto così belli, di una bellezza sottile e unica. Infatti Angelica, che allora doveva avere circa settant'anni, assomigliava moltissimo a sua zia e anche a sua madre. Il viso allungato, dai tratti decisi, gli occhi chiari eternamente spalancati sul mondo, il sorriso dolce e inatteso, tutto era perfettamente simile ai tratti già familiari. [...] Avevo incontrato, se non Virginia, almeno un pezzo importante di Bloomsbury»[156].

Laura rivedrà poi Angelica al Festival della Letteratura di Mantova, quando aveva già novantatré anni, ma conservava ancora un sorriso dolcissimo e gli stessi occhi sognanti. Con la sua morte, avvenuta poco tempo dopo, non rimane più alcun testimone diretto del magico circolo di Bloomsbury, che l'aveva ingannata con tanta dolcezza.

Nel 1990 la Tartaruga pubblica l'opera prima di Doris Lessing, *L'erba canta*, e anche *Gatti molto speciali*, le storie dei gatti della sua vita. Feltrinelli pubblicherà poi entrambe queste opere nel 2008, solo dopo che alla scrittrice nel 2007 è stato attribuito il premio Nobel per la letteratura.

Laura Lepetit confessa che il suo rapporto con questa grande autrice è stato contraddittorio, dato che i suoi maggiori successi, come il *Taccuino d'oro*, che non era mai riuscita a leggere – forse proprio perché considerato quasi una bibbia del femminismo –, avevano avuto su di lei l'effetto di creare una distanza invece che un avvicinamento. Quest'ammissione in fondo, da parte di una «femminista distratta» che non si era lasciata conquistare neanche da Simone de Beauvoir, non ci stupisce. Così come senza sorpresa ci lascia la decisione di pubblicare, di Lessing, due opere minori.

Era stata Maria Antonietta Saracino, traduttrice e studiosa, a proporre alla casa editrice il manoscritto che Doris aveva portato con sé dalla Rhodesia quando era emigrata a Londra, perché lo considerava già un'opera letteraria matura e completa. Laura trovò bellissimo il romanzo, sia per il titolo, *L'erba canta*, sia per la struttura perfetta, che anticipava tutti i temi che in futuro sarebbero stati alla base della successiva e grande produzione letteraria: le uguaglianze e le differenze, i rapporti di potere, la natura e il destino.

La passione per i gatti, comune sia alla scrittrice sia all'editrice, avrà poi giocato la sua parte per la pubblicazione di *Gatti molto speciali*, tributo a tutti i gatti che hanno tenuto compagnia a Lessing nel corso della sua vita; dalle tristi vicissitudini di quelli africani, perduti, uccisi, sottoposti a crudeltà, ai fortunati e pasciuti felini della ricca Londra, con la loro comoda esistenza di amabile compagnia. Doris Lessing, che scrisse moltissimo e, vivente, fu molto apprezzata e insignita di molti riconoscimenti letterari, è morta nel 2013 a novantaquattro anni.

In passato, Goffredo Fofi aveva proposto la pubblicazione di *Casalinghitudine* di Clara Sereni, che ebbe poi grande successo presso Einaudi. Laura Lepetit non aveva apprezzato il testo, sbagliando per la prima volta valutazione.

Per questo, sempre nel 1990, la Tartaruga pubblica *Zucchero a velo* di Stefania Giannotti, libro simile a quello di Sereni, perché denso di vicende famigliari e di ricette esemplari.

Ancora nel 1990, viene pubblicato *Scrivere la vita di una donna* di Carolyn Heilbrun, che tratta delle difficoltà che si incontrano nel tentativo di trasformare i canoni accademici maschili in modo da rendere giustizia ai talenti letterari femminili.

Del 1991 è la pubblicazione di *Le lettere del mio nome*, di Grazia Livi, che sarà poi riproposto da Iacobelli nel 2015. Laura Lepetit lo definisce «un libro bellissimo e indispensabile»[157], nel quale sono raccontate le vite, le opere e i pensieri delle donne più importanti del Novecento, universalmente conosciute come Simone de Beauvoir o Anne Frank, o meno conosciute ma altrettanto importanti, come Anna Banti o Carla Lonzi, tutte indispensabili come le lettere di un nome, del nostro nome.

Con *Autobiografia di tutti*, la Tartaruga 1993, Laura Lepetit ha l'occasione di pubblicare ancora un'opera della sua scrittrice preferita, Gertrude Stein: si tratta della straordinaria traduzione di *Everybody's Autobiography* che Fernanda Pivano aveva realizzato per Einaudi quarant'anni prima, mai pubblicata e gelosamente conservata. «Mentre scrivo queste pagine penso spesso a Gertrude Stein e al suo modo irriverente di trattare l'autobiografia. Con l'*Autobiografia di tutti*, Gertrude parla di sé senza smettere di ricordarci che ogni autobiografia è come la sua, ognuno è altrettanto importante se vive su questa terra e tutti hanno il diritto di scrivere la propria autobiografia proprio come fa lei. Perché se non è importante quel che si racconta, è importante il modo in cui lo si fa. Questo lei non lo dice ma si capisce. Picasso e il cuoco cinese sono altrettanto interessanti se raccontati bene»[158].

La copertina scelta per il libro è la riproduzione del disegno di una rosa con attorno il famoso motto di Gertrude «A rose is a rose is a rose». Il fiore era stato tratto da una carta da lettere di Gertrude Stein che Fernanda Pivano aveva prestato a Laura, proprio perché potesse diventare la copertina di questa irriverente autobiografia.

Il catalogo delle edizioni la Tartaruga vanta ben tre autrici che poi saranno insignite del premio Nobel per la letteratura: Nadine Gordimer, la già citata Lessing e Alice Munro[159]. Di questa scrittrice canadese la Tartaruga aveva pubblicato nel 1994 *La danza delle ombre felici*, nel 1998 *Stringimi forte, non lasciarmi andare* e infine, nel 2000, *Segreti svelati*. Tutti sono stati recentemente riproposti da Einaudi.

È grazie a Oriana Palusci, insegnante di Letteratura inglese a Torino e femminista, che Laura Lepetit si interessa alla produzione canadese, poco conosciuta in Italia negli anni novanta.

Oltre a Munro, il catalogo della Tartaruga si arricchisce quindi degli scritti di Margaret Laurence, Jane Urquhart, Marian Engel.

Della prima però Laura rimane folgorata col racconto *Dance of the Happy Shades*, che narra la storia di una vecchia insegnante di pianoforte, nubile, che ogni anno organizza una festa in cui alunne e alunni si esibiscono davanti ai genitori; una sorta di saggio anche un po' noioso, con brani musicali suonati senza particolare talento. Almeno fino a quando una povera bambina disabile, dall'aspetto un po' sciocco, suona meravigliosamente *Dance of the Happy Shades* di Gluck e tramite la musica riesce a comunicare la sua essenza vitale. Per la copertina della prima edizione del 1994 di *La danza delle ombre felici* Lepetit sceglie un quadro di Duncan Grant con una ragazzina – forse la figlia Angelica che Duncan ebbe da Vanessa Bell – vista di spalle, che le permette di legare insieme con affetto i racconti di Munro e Bloomsbury: «Poi Alice Munro fu scoperta in Italia da altri editori e vinse il Nobel. Sono felice per questa bella signora dai capelli bianchi e dal sorriso aperto, che vive in qualche piccola città canadese, non ha il cellulare in tasca tutto il tempo, ha scritto solo racconti, un genere disprezzato dagli editori ma non dai lettori, ha parlato di sentimenti, di rapporti umani, di nemici, amici, fidanzati e amanti, di donne e uomini che incontriamo ogni giorno»[160].

Nel 1997 la Tartaruga edizioni entra nel gruppo Baldini e Castoldi. È l'inizio di un periodo fatto di lunghi silenzi, coraggiosi ritorni in libreria, molte mute, come la conversione in una collana: a tutto, l'animale voluto da Laura Lepetit, progettato per vivere cent'anni, sembra adattarsi con straordinaria tenacia.

Dal 2009 il marchio è sotto la direzione di Cristina Lupoli, moglie dell'editore Alessandro Dalai. Ecco come riassume le difficoltà di questi anni al blog «Sul Romanzo»[161]: «La fortuna e la bravura di Laura Lepetit, agli esordi della Tartaruga, furono di cavalcare il periodo del movimento femminista. [...] Quando più tardi sono subentrata io, mi sono trovata in un periodo storico e politico in cui il femminismo non dico fosse superato; era, come dire, passata una stagione. I libri di saggistica o di narrativa che pubblicai non hanno avuto il successo che forse, qualche tempo prima, avrebbero avuto. [...] Certo ho venduto, ma non così tanto. Molto andava in traduzioni [...]».

Dopo l'inevitabile chiusura, l'ennesima rinascita, del gennaio 2017, porta una novità che non si può ignorare. La Tartaruga, sorta in anni che progettavano un futuro, è diventata una collana che «guarda al passato»[162]; che pubblica, cioè, opere inedite e introvabili di grandi scrittori fuori diritti. Lo fa senza riguardo al genere. Per la prima volta, i suoi autori sono anche uomini. Ma forse, quando ha battezzato la sua creatura «La Tartaruga», Laura Lepetit aveva previsto anche questo.

3.4 Dalla parte delle bambine

«La letteratura infantile, ben lungi dall'essere soltanto quello che noi vediamo, cioè un modo di intrattenere il bambino, è un potentissimo agente di trasmissione culturale dei valori cui tutti rispondiamo»[163] (Elena Gianini Belotti).

Nel 1975, due anni dopo che il libro di Gianini Belotti aveva introdotto anche in Italia il dibattito sull'educazione sociale dei più piccoli, nasce a Milano una casa editrice che ne eredita il nome e lo interpreta come una missione. A fondare Dalla parte delle bambine è Adela Turin, membro del collettivo di Rivolta Femminile di Carla Lonzi e, prima ancora, militante nel movimento di liberazione della donna parigino.

Proprio a Parigi Adela aveva conosciuto Antoinette Fouque e quindi, saputo della nascita delle Éditions des femmes, chiede loro di farsi editrici per il mercato francese delle storie che ha da poco iniziato a pubblicare in Italia. Del resto chi, più del marchio che aveva già presentato ai lettori d'oltralpe il best seller di Gianini Belotti, era indicato per accoglierle?

L'accordo si rivela estremamente vantaggioso per entrambe: per la casa editrice italiana, perché i diritti sulle opere pagati in anticipo le consentono di finanziarsi, e Antoinette Fouque è talmente entusiasta che promette di getto che acquisterà tutte le storie di Adela Turin; per la francese, perché i libri dell'italiana vendono moltissimo. Di ciò si mostra particolarmente consapevole, qualche anno dopo, la stessa Turin, che infatti afferma[164]: «Non penso che avremmo fatto un tal parlare delle Éditions des femmes se ci fosse stata solo Cixous... Voglio dire, le loro edizioni erano dirette alle donne del movimento e alle intellettuali. Ma i miei libri erano popolari».

A leggerli è infatti un pubblico più ampio del semplice pubblico femminista che spesso, al di là delle intenzioni, coincide del tutto con quello della casa editrice.

È poi vero anche che, come prosegue Adela Turin, «c'è stato un tempo in cui il movimento femminista, soprattutto in Italia, ma anche in Francia, era un movimento di massa. Quindi dire un semplice pubblico femminista, voleva dire ancora milioni di persone»[165].

Le tirature di sessanta/ottanta mila esemplari dei suoi testi, mai raggiunte dalle Éditions des femmes con i libri di Hélène

Cixous, danno senz'altro consistenza a queste valutazioni. C'è un'immagine della casa editrice francese che è garantita dal suo impegno teorico, e poi c'è un successo di pubblico che arriva invece da una collana di libri per bambini, chiamata ancora una volta «Du côté des petites filles».

Non che in Francia siano gli unici ad accorgersi dei libri di Adela Turin. Anzi, sono pubblicati quasi subito anche da un editore spagnolo, Lumen. E poi, dopo lo spagnolo e il catalano, vengono tradotti anche in tedesco da Frauenoffensive, in inglese, in basco, in svedese, in norvegese e in danese. Arrivano insomma in tutta Europa, dove non smettono di essere ristampati neanche quando la casa editrice chiude, nel 1982.

In Italia, invece, dopo il successo degli anni settanta, i titoli delle edizioni Dalla parte delle bambine vengono un po' dimenticati. A riproporli è Motta junior nei primissimi anni 2000. Ritiene, evidentemente, che abbiano ancora qualcosa da dire al pubblico del nuovo millennio. Infatti, in un momento in cui il dibattito sul genere e i suoi stereotipi, e il confronto sull'educazione da impartire ai più piccoli sono ancora apertissimi e accesi, il ruolo della casa editrice Dalla parte delle bambine è stato senz'altro quello di chi ha precorso i tempi.

3.4.1 Sessismo nei libri per bambini

Non sarebbe possibile comprendere appieno la portata rivoluzionaria dell'attività editoriale di Adela Turin, senza dare uno sguardo proprio a quell'immaginario sessista veicolato dai libri per l'infanzia che l'aveva colpita e ferita, e contro cui ha cercato di reagire. Per farlo, ci è d'aiuto la *Guida alla decifrazione degli stereotipi sessisti negli albi*, che la stessa Turin ha curato per il progetto del comune di Torino «Quante donne puoi diventare?» nel 2003.

Il titolo dell'iniziativa torinese è quantomai azzeccato e ha il merito di introdurre il problema principale che è, anzitutto, quantitativo. Se dovessimo cercare nei libri per l'infanzia una risposta a quell'interrogativo non potrebbe che essere «poche»: alle bambine, infatti, sono offerti insufficienti modelli di riferimento, perché i protagonisti maschili nelle storie sono molto più frequenti di quelli femminili. Non sorprende, allora, che il catalogo delle edizioni Dalla parte delle bambine abbia cercato anzitutto di colmare questa lacuna. Più ancora che quelli di Pasqualina, Clementina, Fiorentina e degli altri personaggi del regno animale antropomorfizzati che popolano l'universo di Adela Turin, valga il nome di Asolina, protagonista della serie che comprende i volumi *Nel paese dei giganti, Le scatole di cristallo* e *I regali della fata*; tutti illustrati da Nella Bosnia. Asolina ha il pregio di mostrare come anche le femmine possano vivere delle avventure e, quindi, che il coraggio non è una virtù esclusivamente maschile.

Anche quando la loro presenza nelle storie è prevista, le donne sono spesso relegate in ruoli di contorno, da semplici comparse. Ai bambini la marginalità femminile non sfugge e «senz'altro ipotizzeranno delle cause di questa strana assenza: la più ovvia, probabilmente, è che se nessuno si degna di parlare delle femmine e delle loro attività significa che donne e bambine non contano molto nella realtà e che le loro attività non sono interessanti, né socialmente importanti»[166]. Al contrario, il valore delle azioni e del ruolo degli uomini ne risulta ovviamente accresciuto.

Andando a osservare più da vicino i modelli proposti a bambine e bambini, è impossibile non accorgersi che la costante che regola i loro rapporti è quella dell'opposizione. Si suggerisce cioè che maschi e femmine facciano cose radicalmente diverse, e che non siano adatti alle stesse attività. Semplificando al massimo: le bambine sono passive e insicure, i bambini sono attivi e coraggiosi. Le prime è meglio che stiano tra le mura domestiche, i secondi che esplorino il mondo.

In una storia diretta alla prima infanzia, solo parte di questo messaggio è veicolato dalla narrazione. Il resto è affidato alle illustrazioni.

Per questo, nella *Guida alla decifrazione degli stereotipi sessisti*, Adela Turin ha dedicato ampio spazio proprio alle immagini e al loro significato e, sempre per questa ragione, le edizioni Dalla parte delle bambine nascono con il contributo di un'illustratrice, Nella Bosnia, che ha firmato i primi albi; e proseguono con tutte le altre, senza le quali la loro azione educativa non sarebbe stata altrettanto efficace.

Se uomini e donne sono diversi e inadatti a svolgere le stesse attività, anche gli oggetti della loro quotidianità sono diversi.

Il capo d'abbigliamento che più di tutti caratterizza le madri nei libri per l'infanzia è il grembiule. Lo indossano anche quando sono in giardino o in strada, segno che l'evasione dallo spazio domestico è semplicemente illusoria mentre, al contrario, la dedizione alla casa è perpetua e le identifica in quanto donne. I mariti, fino agli anni ottanta, in queste storie non hanno mai portato un grembiule. Se per caso sono intenti ad asciugare un piatto – unico lavoro domestico nel quale vengono sorpresi – lo fanno senza averlo indosso. Ciò suggerisce il carattere temporaneo, volontario e negoziabile del loro contributo, che quindi andrà letto come un aiuto e non potrà essere scambiato per un'equa distribuzione dei compiti. Quando poi anche i padri negli albi hanno comincia-to a dedicarsi ai fornelli, gli illustratori hanno trovato il modo di suggerire come fossero semplicemente sostituti imperfet-ti, buffi e inadeguati delle mogli; di cui indossano, infatti, i grembiuli presi a prestito, fuori misura e ridicoli su di loro. L'immagine che se ne ricava è quella che un uomo in cucina sia qualcosa di esilarante.

Il grembiule è desueto, e può darsi che i lettori non avessero nemmeno mai visto le madri portarne uno; ma i libri per l'in-fanzia sono pieni di questi oggetti arcaici: scope di saggina, fazzoletti legati sulla testa; o l'immancabile zuppiera con la quale la donna serve la cena al marito e ai figli riuniti intorno a un tavolo. Evidentemente, c'è un problema di aggiornamen-to: l'immaginario legato ai libri dell'infanzia si evolve molto meno velocemente della realtà che gli sta intorno.

L'uomo, al contrario della moglie, è sempre raffigurato con simboli che ricordano che la sua presenza in casa è effimera e passeggera. Per esempio, mentre lei è ritratta in pantofole anche negli spazi esterni, lui indossa delle scarpe tra le mura domestiche, finché non decide il contrario. Un altro inequi-vocabile simbolo del potere maschile è la ventiquattrore. È sempre lui ad averla; anche in un'epoca in cui le donne con un impiego non sono un'eccezione. Naturalmente, dopo quanto detto, non sorprende neppure che le categorie professionali nei libri per l'infanzia contino molti più rappresentanti uo-mini che donne. In una ricerca condotta da Irene Biemmi su un campione di testi pubblicati nel 2000, gli uomini svolgono cinquanta professioni diverse mentre le donne, solo quindici. Quanti lavori penseranno di poter fare le bambine che leggo-no questi albi?

Se il simbolo per eccellenza della madre è il grembiule, quello del padre è la poltrona. «Paradossalmente» scrive Adela Turin «il lavoro del papà è rappresentato dal suo riposo». Infatti, un impiego che necessita dosi così massicce di riposo indisturbato, è certamente degno di ammirazione. «Il papà si riposa dal solo lavoro che, con gli albi, i bambini imparano a rispettare: il lavoro remunerato dei papà».

Le donne, invece, non siedono mai in poltrona. Se lo fanno, i bambini sono portati a pensare che siano malate o che stiano per alzarsi a passare lo straccio: questi i risultati di un esperimento condotto da Ferdinanda Vigliani del Centro studi e documentazione pensiero femminile, che è riportato nella *Guida*.

Dall'alto del suo trono domestico, la poltrona, l'uomo può chiedere alla moglie altri oggetti di suo uso esclusivo. «Il signor Ratti aspettava solo le pantofole, il giornale, il divano e la cena», li elenca Adela Turin in una delle sue fiabe più note, *Una fortunata catastrofe*[167].

Il giornale, così come la tv e, in misura minore perché meno presente nelle case, la radio, sono simboli molto forti del potere maschile. Rappresentano, di fatto, l'accesso all'informazione e alla cultura, da cui le donne sono escluse. Gli uomini, grazie al fatto che guardano i notiziari e leggono i quotidiani, dispensano opinioni sul mondo, soddisfano le curiosità dei figli, li aiutano con i compiti. Le donne, nei libri per l'infanzia, non leggono. Persino quello delle favole della buonanotte è un rito sempre officiato dal padre.

Negli anni sessanta, cioè poco prima che Adela Turin iniziasse la sua attività editoriale, la rappresentazione delle madri nei testi cambia parzialmente, purtroppo non in meglio. La casalinga degli anni cinquanta era una massaia perfetta, una madre irreprensibile, una moglie esemplare; il classico esempio di femminilità devota che avrebbe ispirato ai figli maschi l'adorazione nei suoi confronti e il disprezzo per il resto delle rappresentanti dell'altro genere[168].

Le madri del Boom economico, invece, sono ritratte con ironia non priva di un certo crudo realismo, come delle donne distrutte dalla fatica di conciliare un impiego extradomestico con i lavori di casa che continuano a pesare esclusivamente sulle loro spalle. Totalmente assenti gli esempi di coppie che dividono equamente il lavoro quotidiano e la cura dei bambini. «In tutte le forme di convivenza, alimentare, pulire, accudire e ogni momento del vivere quotidiano devono essere gesti reciproci», scriveva Carla Lonzi nel Manifesto di Rivolta Femminile, e Adela Turin ha provato a insegnarlo ai più piccoli.

Dalla parte delle bambine, oltre a fornire con le sue storie nuovi modelli di femminilità e mascolinità in cui identificarsi, ha cercato anche di favorire l'avvio di un dibattito che in Italia stentava a decollare, pubblicando testi come *Sessismo: in casa e a scuola* di Roberta Pizzoli e *Sessismo nei libri per bambini*, di Elena Gianini Belotti.

3.4.2 Il catalogo. La letteratura per l'infanzia che non c'era

Quando parliamo di Virago, Éditions des femmes, Edizioni delle donne o la Tartaruga abbiamo in mente case editrici che hanno dato spazio e attenzione alla voce delle donne.

I libri scritti dalle donne, però, c'erano. Mancavano editori disposti a pubblicarli a sufficienza, e su questa lacuna le case editrici femministe sono intervenute.

Che dire, però, di una letteratura per ragazzi e ragazze che insegnasse loro rapporti tra i sessi rispettosi e paritari? I libri che Adela Turin aveva in mente non esistevano. Li ha scritti lei.

Nel catalogo delle edizioni Dalla parte delle bambine ci sono quarantacinque testi. Di questi, appena undici non sono opera sua. Nonostante la casa editrice abbia ospitato altri autori e si sia circondata di molte valide collaboratrici – soprattutto grafiche e illustratrici – la centralità della fondatrice nel progetto è un tratto evidente.

Accanto ad Adela Turin, sin dagli inizi, c'è la milanese Nella Bosnia, premio Andersen 1996 come miglior illustratrice italiana. Sono suoi i disegni dei primi quattro volumi, alcuni dei quali, come *Rosaconfetto* o *Una fortunata catastrofe*, sono diventati talmente iconici da rimanere i titoli a cui si associa per istinto l'attività della casa editrice.

Dopo i primi libri, però, Adela Turin avverte l'esigenza di variare l'aspetto iconografico dei volumi e collabora con varie illustratrici, italiane e non, a riprova del successo che le sue storie stanno riscuotendo anche all'estero. Singoli volumi sono illustrati da Letizia Galli, Sylvie Selig, Anne Goetzinger, Noëlle Herrenschmidt, Nadia Pazzaglia, Anna Curti, Aura Cesari e Barbara de Brunhoff.

Margherita Saccaro realizza invece le immagini per *Storia di panini* (1976), *Babbo Natale srl* (1977) e *Ciaobambola* (1978); mentre l'artista francese Nicole Claveloux disegna le memorabili riscritture delle fiabe di Andersen *Mignolina* (1978) e *Piccola sirena* (1980), e quella di George Sand *Rosa e Brezza* (1977).

Francesca Cantarelli le affianca il più delle volte, occupandosi dei colori, mentre realizza le illustrazioni di uno degli ultimi volumi, *Caravioletta* (1982).

Uno dei punti in comune col resto dell'editoria femminista è che, come si può notare, le collaboratrici sono tutte donne. Tra gli autori, invece, troviamo anche degli uomini.

Si dirà tra poco dello scrittore francese Christian Bruel, il più presente dopo Adela Turin, di cui Dalla parte delle bambine ha pubblicato *Chi piange?* (1978), *La mangia nera* (1979) e, soprattutto, il bellissimo *Chiara, che aveva un'ombra-ragazzo* (1978).

Ma oltre a Bruel, che è un autore contemporaneo, nel catalogo di una casa editrice rivoluzionaria come Dalla parte delle bambine c'è anche spazio per un classico, lo scrittore di fiabe per antonomasia Hans Christian Andersen. Molte sono le ragioni per cui una casa editrice femminista può restare affascinata da Andersen. La più evidente è la sua predilezione per le eroine di cui, dalla Piccola fiammiferaia a Mignolina, ci ha lasciato una galleria indimenticabile, su cui spicca la Sirenetta. Un'altra ragione di interesse può essere il modo in cui la produzione dello scrittore danese ha sviscerato il tema della diversità, dell'emarginato che lotta per trovare il suo posto nel mondo, di cui *Il brutto anatroccolo* è l'espressione più nota. Ci sono anche alcune consonanze di stile. La fiaba riformata da Andersen, ripulita dal soprannaturale, con un ampio uso di elementi favolistici quali gli animali come protagonisti, è anche il genere più congeniale ad Adela Turin.

Oppure, la scelta di Andersen può essere stata presa proprio per sfidare la tradizione, per affrontarla di petto. Del resto sarebbe scorretto affermare che Dalla parte delle bambine pubblica le fiabe di Andersen: piuttosto le riscrive, aggrappandosi, nello stravolgimento dei finali che opera, a un appiglio fornito dallo scrittore stesso. Infatti, i finali di Andersen sono celebri per la loro ambiguità: che opti per il lieto fine o, come farà sempre più spesso nel tempo, per una conclusione infelice, l'autore lascia al lettore l'impressione che le cose avrebbero potuto chiudersi in maniera del tutto diversa.

Mignolina non fa eccezione. Il tema, che può aver certamente affascinato le femministe degli anni settanta che tante riflessioni vi stavano riservando, è quello del matrimonio. Dopo essere fortunosamente sfuggita alle nozze col primo pretendente, un brutto e sgradevole rospo, Mignolina sta per sposare il maggiolino, che però cambia idea all'ultimo minuto persuaso dalla sua famiglia che la ragazza, che gli era sembrata incantevole in un primo momento, fosse in realtà bruttissima. È un passaggio in cui la fiaba di Andersen è ancora di grande attualità: quello in cui lo scrittore critica i condizionamenti sociali in fatto di bellezza.

A questo punto la protagonista, che fin qui era stata guidata da un certo fatalismo – non era innamorata di nessuno dei pretendenti ma li avrebbe sposati per non deludere le aspettative altrui – è già abbastanza emancipata da rifiutare il matrimonio d'interesse con un ricco ma noioso talpone. Mignolina fugge quindi con una nuova amica: una rondine di cui aveva guarito le ferite durante l'inverno. Giunta in un nuovo paese, davanti al bivio se sposare il principe dei fiori o restare con la rondine, la ragazza stavolta sceglie il matrimonio. Nell'originale di Andersen. Perché, nella versione di Adela Turin invece, alla proposta del pretendente di diventare la regina dei fiori, Mignolina risponde candida: «Ma io non ti conosco».

Non è più possibile suggerire alle ragazze, alla fine degli anni settanta, di sposare un perfetto sconosciuto, per quanto ne siano invaghite; «non vogliamo più raccontare queste storie alle nostre bambine», affermano le Éditions des femmes nell'introduzione al loro volume.

Tuttavia il finale alternativo era già nelle corde di Andersen. È lo scrittore danese, infatti, a evocare nel racconto la tristezza della rondine rimasta senza l'amica, rifiutandosi così di fornire un finale conciliante per tutti; suggerendo anzi, tra le righe, che le cose sarebbero potute anche andare diversamente.

Le riscritture pongono sempre qualche problema con i recensori, tra i quali si annoverano spesso alcuni puristi della tradizione. Anche questa non fa eccezione, e dalla *Revue des livres pour enfants* fanno sapere che continueranno a leggere «il vecchio Andersen senza ritocchi, piuttosto che rimpiazzare i suoi "errori" con nuove fantasticherie»[169].

Una riscrittura è anche quella di *Rosa e Brezza*, adattamento da *Ce que disent les fleurs*, una fiaba di George Sand per la sua nipotina tratta dai *Contes d'une grand-mère* (Novelle di una nonna). Vi si racconta il perché la rosa è la regina dei fiori.

Brezza, che non aveva ancora un nome, era il terribile figlio maschio del Re delle Tempeste. Ricevuto dal padre l'ordine di distruggere ogni forma di vita sulla Terra, lo esegue senza scrupoli fino all'incontro con Rosa, l'essere più bello mai visto, che decide di risparmiare. Cacciato dal padre per la sua disobbedienza, viene trasformato in una creatura femminile. Da allora sta sempre accanto alla sua amica Rosa e ne sparge il profumo.

Il tema del cambio di sesso di Brezza è assente nel racconto di Sand. Nella fiaba originale, c'è un'evidente contrapposizione tra virtù identificate come maschili – forza fisica, coraggio, orgoglio – e quelle femminili della bellezza, della grazia, della dolcezza. Il racconto ribalta l'apparente sproporzione di forze mostrando come queste ultime abbiano la meglio sulle prime, come una rosa possa trasformare un principe delle tempeste in una innocua brezza.

La versione rivista da Adela Turin, in cui Brezza viene trasformato in una bambina, rafforza questo passaggio. Per poterlo svolgere è stato necessario anche cambiare il nome del protagonista, che nella fiaba di Sand è Zephyr, al maschile.

L'ispirazione per il nuovo finale in questo caso non arriva, come in Andersen, dal testo, ma direttamente dalla vita di George Sand: che porta uno pseudonimo maschile ma è una donna; che è una donna ma, per poter fare le cose che fanno gli uomini, veste come un uomo.

Alla vita della scrittrice è dedicato anche il volume *Aurora. Aurore Dupin diventa George Sand* (1978), di Adela Turin e Annie Goetzinger.

3.4.3 *Tabù e libri che li hanno sfidati*

Come *Mignolina*, anche *Maiepoimai* (1977), di Adela Turin e Letizia Galli, è un libro che discute lo schema tradizionale del matrimonio e il mito del principe azzurro. Più ancora del primo e di *Rosa e Brezza*, è però esplicito nell'affrontare il tema dell'omosessualità femminile. Se a circa dieci anni dalla rivoluzione sessuale, l'argomento non può certo dirsi nuovo per le femministe, l'azione di presentarlo ai bambini lo è sicuramente.

Il lieto fine risulta, tra l'altro, audacemente innovatore, se consideriamo che né i tempi – privi di qualsiasi riconoscimento legale per le coppie dello stesso sesso – né le altre rappresentazioni mediatiche, penso per esempio al cinema, incoraggiavano a immaginare che l'amore tra donne potesse concludersi felicemente.

È quanto avviene invece alla coppia formata da una giovane di buona famiglia – che ha rifiutato di sposare il principe bello, ricco e stupido che le era destinato – e dalla strega con cui è fuggita. Le due allacciano una relazione estremamente appagante sotto il profilo intellettuale, conducono ricerche insieme, e scrivono «un'*Interpretazione dei sogni* che psicologi e psicanalisti studiano ancora oggi in una traduzione del dottor Freud».

Certamente Dalla parte delle bambine non ha paura di affrontare argomenti scomodi e di infrangere veri e propri tabù. *Alice e Lucia sul nostro sangue* (1979), per esempio, testi di Adela Turin e illustrazioni di Nella Bosnia, è il primo testo divulgativo per le adolescenti sulle mestruazioni.

In *Storia di panini* (1976), invece, è lo stesso movimento femminista a essere messo in scena. L'ultima pagina ci catapulta infati in mezzo a una manifestazione che ricorda da vicino quelle che le donne organizzano in quegli anni. Ci sono i cartelli, e gli slogan come «LE DONNE NELLE STRADE, NON NELLE CUCINE»; «COSTRUIAMO LE NOSTRE CASE, SCRIVIAMO LE NOSTRE STORIE, LEGGIAMO, INVENTIAMO, FACCIAMO LA NOSTRA MUSICA E DANZIAMO I NOSTRI RITMI»; o ancora «TANTE=FORTI».

La rivolta di alcune donne che per vivere preparano panini è insomma un modo semplice per parlare di temi come la presa di coscienza della negazione del lavoro femminile o l'esclusione delle donne dalla sfera decisionale.

Interessante è anche la serie dedicata ai segni zodiacali, dove l'astrologia è presa a semplice pretesto per offrire alle ragazze degli esempi positivi di femminilità. Ben prima delle *Storie della buonanotte per bambine ribelli* e del loro successo[170], Dalla parte delle bambine metteva insieme rivoluzionarie come Aleksandra Kollontaj, Emmeline Pankhurst e Anna Kuliscioff; scrittrici come Agatha Christie, Virginia Woolf, Sibilla Aleramo e Katherine Mansfield; ma anche attrici, stiliste e cantanti come Anna Magnani, Marilyn Monroe, Edith Piaf e Coco Chanel.

3.4.4 Arturo e Clementina e Una fortunata catastrofe

Il progetto di Adela Turin di ribaltare l'immaginario sessista veicolato dai libri per bambini è subito evidente in *Arturo e Clementina* (1976), una fiaba che inizia nel modo in cui, di solito, le fiabe si concludono: con un matrimonio.

L'unione di Arturo e Clementina, le due belle tartarughe bionde che si sono conosciute sulle rive di un lago, non è contrastata da nessuno, né ci sono avventure che tengano il lettore col fiato sospeso fino al canonico «e vissero felici e contenti».

In maniera forse meno rocambolesca, ma di sicuro più comune, Clementina e Arturo hanno deciso di sposarsi liberamente e, semmai, sembra suggerire Turin, un po' troppo in fretta: si erano infatti conosciuti quello stesso giorno.

Clementina è una giovane sposa piena di entusiasmo e progetti. Vorrebbe viaggiare, conoscere altre tartarughe, vedere altri laghi, continuare a pescare con Arturo.

Si ritrova invece ingabbiata in un matrimonio che rispetta una divisione tradizionale dei ruoli. Lei, che pure aveva incontrato Arturo mentre pescavano, dopo averlo sposato smette di cercare il cibo: è infatti il marito che ogni giorno le procura il pranzo e questo, ci avverte la narratrice, lo fa «sentire molto importante».

Al contrario in Clementina si avvia un processo di svalutazione che la fa sentire sempre più inutile e incapace.

All'inizio è Arturo a chiamarla «sciocca», «distratta», «maldestra» – a rivolgersi alla moglie con quell'aggettivazione negativa riversata sulle donne dai libri per bambini – poi però è la stessa Clementina a darsi della stupida, o a credere di aver detto una sciocchezza. Per contrasto, naturalmente, Arturo è definito intelligente.

Fino a qui i due personaggi rispecchiano in modo fedele gli stereotipi inclusi nei libri per bambini, anche nella resa grafica. Arturo è infatti raffigurato con un orologio – simbolo di autorità, di una giornata piena d'impegni, in cui è importante scandire le ore e i minuti –; Clementina invece non indossa nulla del genere, ma solo un frivolo fiocco rosso prima di sposarsi e, una volta ottenuto lo status di signora, una collana di perle.

Dopo aver rinunciato al lavoro, nell'ansia di riempire il vuoto che ormai caratterizza le sue giornate, Clementina pensa di dedicarsi all'arte. Ne parla al marito, ma sia la musica che la pittura sono da lui considerate aspirazioni idiote, «idee ridicole», se ad averle è la moglie. Lo stesso Arturo però dimostra di tenerle in qualche considerazione quando sono svolte da un uomo. Infatti, nel tentativo di conservare dei buoni rapporti con Clementina, le regala proprio un grammofono e il quadro dipinto da «un amico pittore». Il messaggio è chiaro. Non meno che quello lavorativo, anche l'ambito artistico è precluso alle donne. A loro si offrono al massimo esperienze creative di seconda mano, in grado di contemplarle come consumatrici, non certo come produttrici; perché il ruolo che si richiede a una donna è quello di fare con la sua inferiorità da piedistallo alla grandezza di un uomo. «Non hai detto che ti interessava la pittura?» chiede un Arturo spazientito mentre scarica il quadro sul groppone di una moglie poco convinta.

A Clementina quindi non rimane che lo spazio domestico, quella casa diventata letteralmente, oltre che metaforicamente, sempre più pesante dopo l'ennesimo regalo di Arturo.

Fino al giorno in cui decide di scappare. All'inizio è solo una fuga di qualche ora, una breve passeggiata, una boccata d'aria. Poi, diventa una fuga senza ritorno.

Libera dal guscio che è stato la sua casa e la sua prigione, senza più fiocchi, cappelli né collane, Clementina sperimenta il mondo da sola, e Adela insegna alle giovani che l'ascoltano che il matrimonio non è una tappa obbligata.

«Le tartarughe vivono moltissimi anni, e forse Clementina viaggia ancora felice per il mondo, forse suona il flauto e forse fa belle pitture di piante e fiori» dice. E rivolgendosi al lettore: «Se incontri una tartaruga senza casa, prova a chiamarla: – Clementina, – Clementina! Forse ti risponderà, ma non è certo: da allora, infatti, molte altre tartarughe hanno seguito il suo esempio».

Il matrimonio, tuttavia, non è sempre da condannare. Semmai da modificare, perché espressione di ruoli che rischiano di ingabbiare e rendere infelici tanto gli uomini quanto le donne. Di tutto ciò tratta la storia *Una fortunata catastrofe* (1975).

La famiglia di roditori protagonista, quella dei Ratti, vive all'interno di una casa borghese. Del matrimonio borghese rispetta i compiti e le gerarchie. La moglie, Fiorentina Ratti, «modesta e remissiva, teneva il buco pulito». Gli altri suoi doveri, a parte le pulizie, consistono nella cura dei figli e nel cucinare. Eccola raffigurata in piedi nell'atto di servire la cena al marito, con l'immancabile grembiule che ne segna l'appartenenza alla casa; mentre il signor Ratti, pur non avendo mai preparato un piatto in vita sua, con l'aria da intenditore e il sostegno di un paio di occhiali che gli conferiscono un'espressione intelligente, critica ogni portata.

È convinzione di Adela Turin che i libri diretti ai bambini insegnino ai figli un certo disprezzo nei confronti della madre, mentre incoraggiano al contrario l'ammirazione per il padre. Ciò si deve al diverso valore che la società attribuisce ai compiti generalmente svolti dalle donne, quelli domestici, a paragone con il lavoro extradomestico, più spesso svolto dagli uomini.

Anche i piccoli Ratti, all'inizio, non fanno eccezione. Ascoltano rapiti il padre che racconta loro storie inverosimili che lo vedono protagonista di atterraggi sulla Luna e spedizioni archeologiche; mentre, in realtà, le giornate del signor Ratti sono prive non solo di imprese mirabolanti, ma anche di semplici avvenimenti, dal momento che la sua azienda è fallita. Il disprezzo nei confronti della madre è invece simboleggiato nel gesto, significativo, di zittirla. Eppure è proprio lei che si occupa di tutti loro.

La situazione si protrae fino alla fortunata catastrofe che dà il titolo alla storia. La casa dei Ratti viene improvvisamente colpita da un'inondazione. Mentre il signor Ratti è in ufficio, la signora Fiorentina salva i topolini, trova una nuova abitazione in un cassetto e fa in tempo anche a preparare la minestra per cena. Da quel momento però, la routine domestica sarà stravolta. La signora Ratti infatti esce di casa ogni giorno, a procurare del cibo e vivere quelle che ai figli sembrano avventure straordinarie.

Anche il signor Ratti, però, può scoprire in quello domestico uno spazio gratificante in cui, non più condannato alla passività del divano e della tv, è libero di esplorare la sua passione per la cucina.

«Provò e riprovò, e ogni volta la minestra al signor Ratti veniva sempre meglio. Certo non arrivava alla perfezione di quella che faceva la signora Fiorentina», dice Adela Turin, e per un attimo sembra aderire allo stereotipo per cui gli uomini in casa ottengono risultati sempre inferiori alle donne, «ma alla fine ci riuscì. E diventò difficile interromperlo mentre raccontava le sue prodezze culinarie».

I Ratti non torneranno mai ad abitare nella casa di prima. Nuovi inquilini, i Sorci, si trasferiscono nel buco ormai asciutto. Con la consueta ironia che contraddistingue i finali di Adela Turin, veniamo a sapere che il tubo che era stato la causa della fortunata catastrofe dei Ratti è stato riparato male. Una nuova famiglia è pronta a conoscere la semplice rivoluzione che rivelerà loro che la casa può essere qualcosa di più che un buco.

3.4.5 Rosaconfetto e Chiara, che aveva un'ombra-ragazzo

Nel paese degli elefanti dov'è ambientato *Rosaconfetto* (1975), nascere femmina o maschio fa una grande differenza. Elefantine ed elefantini vivono infatti separati fin dalla nascita, e mentre ai secondi sono concessi spazio aperto, libertà di movimento e di gioco, le prime rimangono confinate dentro un recinto.

Per avere gli occhi grandi e brillanti, la pelle rosa confetto e la bellezza che le contraddistingue, le elefantine sono costrette a nutrirsi esclusivamente di anemoni e peonie. «E non che a loro piacessero questi fiori» – avevano anzi un sapore cattivo, ci avverte la narratrice – tuttavia se ne cibano per compiacere la volontà dei padri. «Altrimenti non sarete mai come vostra madre» e «quando sarete grandi nessuno vi sposerà» sono i due ricatti emotivi che pendono sulle loro teste.

Per quanti sforzi faccia però, Pasqualina, la protagonista di questa storia, non riesce a modificare la sua natura di elefantina grigia. Un giorno, quando anche i genitori hanno ormai rinunciato a cambiarla, Pasqualina salta il recinto che la confina e inizia a vivere come i suoi fratelli. Le altre elefantine la osservano. «Il primo giorno, terrorizzate. Il secondo, con disapprovazione. Il terzo, perplesse. Il quarto, morte d'invidia». Al quinto, molte di loro decidono di imitarla. Nello slancio che precede il salto si liberano di scarpe, colletti e fiocchi – metaforiche catene che le imprigionano – e iniziano a vivere in libertà.

Allora accade che non dovendo più mangiare anemoni e peonie, il loro aspetto si fa simile a quello dei fratelli. Da quel momento, conclude la storia, nel paese degli elefanti è diventato arduo distinguere le elefantine dagli elefantini. «Si somigliano tanto!».

Rosaconfetto è una favola che si schiera apertamente per l'ipotesi della costruzione sociale dei generi. Pertanto, sorprende trovarla nel catalogo delle Éditions des femmes, che in quegli stessi anni sono impegnate a teorizzarne la naturale differenza. Non che l'incompatibilità delle due posizioni fosse rimasta inosservata. In Francia, al contrario, proprio il finale della storia suscitava un ampio dibattito tra coloro che s'interessano della nuova letteratura infantile; sono insegnanti, psicologi e scrittori che si riuniscono in un gruppo chiamato Pour un autre merveilleux.

«Nel collettivo i dibattiti sono stati vivaci, soprattutto sul libro di Adela Turin e Nella Bosnia, *Rose bombonne*, appena pubblicato nelle Éditions des femmes. Ero uno di coloro che credevano un peccato che l'emancipazione degli elefanti rosa fosse condotta da un'elefantina che aveva il colore grigio degli elefanti!»[171].

Chi parla è Christian Bruel, linguista e psicologo che comunque, malgrado la critica, è colpito dal libro di Adela Turin come da una rivelazione. *Rose bombonne* è il primo testo femminista per l'infanzia pubblicato in Francia e la sua novità non può essere ignorata. «Sono diventato un editore grazie a questo libro», dice Bruel, che qualche mese dopo fonda a Parigi Le Sourire qui mord, una casa editrice per ragazzi che riprende l'audace riformismo di quella di Adela Turin.

Oltre che un editore, Bruel è diventato anche un autore. Proprio per rispondere a quel finale che lo aveva lasciato perplesso scrive, con la complicità dell'insegnante Anne Galland, l'*Histoire de Julie qui avait une ombre de garçon (1976)*.

I temi sono ancora quelli dell'identità, degli stereotipi di genere, della difficoltà da parte degli adulti di accettare i figli per ciò che sono e non per quel che vorrebbero che fossero; della sofferenza, infine, che il non riuscire a soddisfare le attese dei genitori provoca ai bambini.

Perché l'identificazione con i suoi lettori sia più forte, Julie – che diventa Chiara nella traduzione del libro pubblicata proprio da Adela Turin – non è un'elefantina, ma una bambina. Una bambina a cui piace fare sia cose che la società definisce «da femmina» che altre ritenute «da maschio». E la sua ombra da ragazzo, forse, è solo quella che le appiccicano addosso i genitori quando la chiamano maschiaccio, lei che probabilmente è soltanto una bambina vivace. Nella splendida illustrazione a doppia pagina di Anne Bozellec, vediamo Julie mentre fa cose da ragazzo e cose da ragazza, e l'ombra reagire bene alle prime e male alle seconde. Quando Julie tira calci a un pallone per esempio, l'ombra le restituisce la stessa azione; ma se Julie s'impegna in un'attività considerata femminile come giocare con una bambola, l'ombra si comporta come ci si aspetta che un maschietto debba fare: staccando la testa al pupazzo.

Gli stereotipi infatti non colpiscono solo Julie, ma anche la sua ombra, costretta a esibire un'aggressività che la società coltiva negli uomini a scapito della sensibilità.

E arriviamo al finale. Nell'estremo tentativo di sbarazzarsi di quell'ombra, Julie si reca al parco, dove ha intenzione di scavare un buco in cui seppellirla e forse scomparire. Incontra però un bambino con un'ombra da ragazza, che le confida di essere preso in giro dai bulli per via del suo aspetto troppo femminile.

I bambini scoprono di non essere i soli al mondo e, è questa la novità rispetto a *Rosaconfetto*, decidono che vale la pena rimanere come si è.

Il problema della fiaba di Turin, per Bruel, era infatti che facendo diventare l'elefantina grigia come i suoi fratelli suggeriva l'idea che le donne dovessero adeguarsi all'uomo per emergere. Non mi sembra in realtà che *Rosaconfetto* dica questo.

Le elefantine sono grigie alla nascita, e grigie rimarrebbero, se la società non intervenisse costruendo artificiosamente il loro genere: insomma donne si diventa, come dice Simone de Beauvoir, e *Rosaconfetto* è certamente una fiaba debitrice al femminismo dell'uguaglianza.

Differenza o uguaglianza, i temi dei due racconti sono ancora di grande attualità. È sufficiente entrare in qualsiasi negozio di giocattoli per verificare che i reparti per bambini e bambine sono ancora separati, e che il colore che caratterizza quelli di queste ultime è sempre il rosa confetto. Probabilmente, rispetto agli anni settanta in cui le due storie sono state scritte, i genitori hanno imparato a preoccuparsi meno di una bambina che si comporti da maschiaccio – anche se il termine è sempre in auge – e vestono le figlie in maniera un po' più comoda, ingabbiandole meno in quei pizzi e in quelle gonnelle che non permettevano alle elefantine di giocare come i propri fratelli. E forse la prescrizione sociale che in *Rosaconfetto* impone alle figlie il matrimonio si è fatta meno rigida. Tuttavia le attese sul corpo delle donne, le aspettative di bellezza che è costretto a soddisfare, sono purtroppo più forti che mai.

A quarant'anni dalla sua comparsa, Settenove ha riproposto in Italia il racconto di Bruel, con un titolo, *Storia di Giulia che aveva un'ombra da bambino*, più aderente all'originale rispetto a quello della prima edizione del 1978, firmata Dalla parte delle bambine. Il volume è arrivato finalista al premio Andersen 2016 nella categoria «Miglior libro mai premiato».

Le favole di Adela Turin, invece, da *Rosaconfetto* ad *Arturo e Clementina*, da *La vera storia dei bonobo con gli occhiali* a *Una fortunata catastrofe*, passando per *Le cinque mogli di Barbabrizzolata* e *Storia di panini*, sono state, tutte, riproposte dall'editore Motta junior, in volumi singoli nel 2002 e in raccolta nel 2007.

Dopo la scomparsa della casa editrice Dalla parte delle bambine, una nuova leva di editori, da EDT Giralangolo a Settenove fino alle edizioni Lo Stampatello, ne ha raccolto l'eredità; pensando forse, come Adela Turin, che «i ruoli rigidi imprigionano e modificano la personalità. La libertà e la creatività nel comportamento dipendono dalla possibilità di inventarsi, attingendo da modelli diversi e ricombinandoli in un insieme originale che rappresenti una vera scelta»[172].

3.4.6 Le pronipoti e la diversità

Due parole in più su queste giovani eredi. Tra di loro, quella che mostra il legame più forte col femminismo è la casa editrice di Monica Martinelli, Settenove, fondata nel 2013 a Cagli, nella provincia marchigiana. Il nome stesso è un rimando agli anni settanta: un riferimento al 1979, anno in cui le Nazioni Unite adottano la Convenzione sull'eliminazione di ogni forma di discriminazione della donna (Cedaw). Dalle antenate editrici Settenove riprende la vicinanza con il mondo dell'attivismo – evidente nel rapporto diretto che coltiva con la rete dei centri antiviolenza (Di.Re) – oltre che l'idea, che era già stata di Adela Turin, di strutturare il catalogo tra libri per bambine e bambini e libri destinati agli adulti, che lavorino con i più piccoli o che siano semplicemente desiderosi di una formazione sugli stereotipi di genere. Una divisione, quella del catalogo, che in Settenove vuol dire soltanto adattare a lettori di età diverse un messaggio che è, invece, sempre lo stesso. E così, se agli adulti è destinata la riflessione di Lorenzo Gasparrini *Diventare uomini. Relazioni maschili senza oppressioni* (2016), sul versante degli albi per bambini un identico colpo al machismo è sferrato da *Ettore. L'uomo straordinariamente forte* (2014), opera della francese Magali Le Huche. Pur con la continuità evidenziata, Settenove non ha nulla di un progetto passatista o nostalgico: profondamente contemporanei sono infatti i temi che predilige, da quello della lotta agli stereotipi sul maschile a quello dell'identità, indagato, oltre che in *Storia di Giulia*, anche nel più recente *Buffalo Bella* (2017).

Pochi sanno che il gruppo EDT, noto per essere l'editore delle celebri guide Lonely Planet e Marco Polo, possiede anche un marchio per ragazzi, dal nome Giralangolo. Pubblica bei testi che ruotano attorno all'idea dell'essere cittadini del mondo: alcuni lo fanno in modo più convenzionale, come i libri sui paesi e i popoli del pianeta, altri più coraggioso, come la serie sui Bambini nel mondo (di cui bastano i titoli per farsi un'opinione: *I rifugiati e i migranti, I conflitti globali, La povertà e la fame, Il razzismo e l'intolleranza*, tutti del 2018). Ma di interesse ancora maggiore, per noi, è che Giralangolo abbia deciso di affidare la direzione di una collana, Sottosopra, alla pedagogista Irene Biemmi, che abbiamo già conosciuto. All'interno di Sottosopra sono state ospitate storie come *Cenerentola e la scarpetta di pelo* (2017), *Una bambola per Alberto* (2014) e *Lunghicapelli* (2016). Gli ultimi due sono racconti che sfidano apertamente i canoni della virilità, affermando il diritto dei protagonisti a giocare con una bambola o avere i capelli lunghi; il diritto di tutti, quindi, alla diversità.

Lo Stampatello, infine, è la prima e unica casa editrice Lgbt per l'infanzia d'Italia. Una «casa» nel vero senso della parola: al suo centro una famiglia arcobaleno, quella di Francesca Pardi e Maria Silvia Fiengo, che con la propria attività editoriale ha voluto offrire ai suoi figli modelli che li includessero. Il problema è sempre quello dei tempi di Adela Turin: l'inadeguatezza dei testi per bambini rispetto al rapido evolversi della società. Il primo risultato dello Stampatello è quindi un libro, *Perché hai due mamme?* (2009) che, con semplicità e chiarezza – o «parlando in stampatello», come recita il motto della casa editrice – risponde alle domande dei compagni di scuola della figlia. Ma il titolo con cui il marchio si è creato un suo spazio nel mondo dell'editoria per l'infanzia è senz'altro *Piccolo Uovo* (2011). Testi di Francesca Pardi, disegni di Altan. Quando il papà della Pimpa ha deciso che avrebbe illustrato questo libretto sulle famiglie di una casa editrice sconosciuta, le porte della grande distribuzione si sono aperte, e *Piccolo Uovo* è balzato dal tavolo della cucina di casa Pardi-Fiengo agli scaffali delle Feltrinelli e delle Mondadori.

3.5 *Editori uomini e libri femministi*

Giunti alla fine di questo capitolo, si sarà notato forse come non sempre le opere più significative del periodo – diventate veri e propri classici del femminismo – provengano dai cataloghi delle case editrici femministe. È un fatto che solleva qualche domanda e merita qualche considerazione. Qual era l'atteggiamento dell'editoria generalista nei confronti del femminismo? Gli editori pubblicavano i libri delle donne? E se è così, che senso ha avuto l'intervento delle case editrici femministe?

Una panoramica dei testi importanti per il femminismo pubblicati da case editrici diverse da quelle delle donne non può che cominciare con la prima edizione italiana, nel 1961, di *Il secondo sesso* di Simone de Beauvoir. Una pubblicazione, quella del Saggiatore, che arriva dodici anni dopo che il libro era apparso in Francia per Gallimard. La storica Michelle Perrot così ne ricostruisce la prima accoglienza[173]: «L'uscita del libro fu spettacolare e polemica. François Mauriac, indignato con Les Temps Modernes per aver "appreso tutto sulla vagina della vostra direttrice", aprì il dibattito sul Figaro littéraire. Gli ambienti cattolici furono in generale scandalizzati dall'analisi che Simone de Beauvoir faceva della sessualità femminile. [...] Invece gli intellettuali comunisti giudicarono il libro "reazionario". La frontiera dell'indignazione superò gli schieramenti. In una parola, fu uno scandalo».

Di fronte allo scandalo francese, stride ancor più il silenzio italiano. Possibile che nessuno avesse notato il libro di successo di un'autrice consacrata che nel frattempo, nel 1954, era stata insignita anche del premio Goncourt? In realtà Mondadori aveva il testo tradotto, pronto per andare in stampa, già nel 1953. Non lo pubblicò. Alcune ragioni pratiche di questa scelta sono semplici da capire – si trattava pur sempre di un'opera di circa 800 pagine, in patria c'erano voluti due volumi per pubblicarla – e Arnoldo ne aveva chiesto a più riprese la riduzione, senza ottenerla. Nella loro semplicità, le spiegazioni di carattere editoriale, però, non convincono. La ragione profonda è da individuarsi nel clima politico e culturale dell'Italia degli anni cinquanta che mal tollerava gli scandali; né possiamo dire che a questi si adattasse meglio la fisionomia della casa di Arnoldo, sempre molto cauto e in quel periodo fervente sostenitore della Dc. Dal suo punto di vista, Mondadori non si sbagliava, perché nel 1956 arrivò la condanna della Chiesa, e l'inserimento dell'opera nell'Indice dei libri proibiti sortì l'effetto di congelarne la pubblicazione ulteriormente.

Tra la fine degli anni cinquanta e l'inizio degli anni sessanta però, com'è noto, l'Italia entra in una nuova fase che, lentamente, si accompagna anche a una rinnovata temperie culturale. Nel frattempo, nel 1958, era nato il Saggiatore, la casa editrice del figlio di Arnoldo, decisamente più adatta di quella del padre a dare alle stampe l'opera di Simone de Beauvoir. Secondo Liliana Rampello[174], al Saggiatore Alberto Mondadori «[...] stava facendo libri che, per usare parole di Salvatore Veca, "avevano l'affascinante torto di avere un mercato vent'anni dopo". Non tutti i libri, per fortuna, visto che *Il secondo sesso*, con la prima uscita, nel 1961 (nella collana la Cultura, numero 48), ha un immediato successo ed è poi sempre stato ristampato».

Il secondo sesso viene quindi letto dalle femministe che non lo avevano affrontato in lingua originale al suo apparire solo nel corso degli anni sessanta. Si tratta di un libro con cui molte di loro hanno un rapporto particolare: pur riconoscendone l'importanza, non ne rimangono folgorate. Confessa per esempio Laura Lepetit come le costi «ancora oggi ammettere che Simone de Beauvoir [...] non è mai riuscita a convincermi. [...] *Il secondo sesso* uscì in Italia nel '61 ma ci vollero ancora dieci anni prima che il femminismo rinascesse e mi colpisse definitivamente il cuore»[175]. I motivi di tanta reticenza sono ben sintetizzati da Françoise Collin. Il libro di Simone de Beauvoir[176], «benché rappresenti un punto fermo per l'importanza del materiale che raccoglie e delle problematiche che affronta, tuttavia non presenta ancora in germe tutti gli aspetti che, in seguito, il movimento svilupperà a partire da altre fonti d'ispirazione. Esso alimenta la corrente egalitaria non quella differenziale del femminismo».

Negli anni settanta, l'editore generalista presso cui appaiono i testi femministi più dirompenti è senz'altro Feltrinelli. A lui si deve la pubblicazione del saggio di Elena Gianini Belotti *Dalla parte delle bambine* e, nello stesso 1973, la nuova edizione di *Una donna*, in cui il romanzo di Sibilla Aleramo del 1906 è proposto come un'opera di eccezionale attualità per il femminismo italiano e le battaglie sul divorzio e la riforma del diritto di famiglia che si trova ad affrontare. Nel 1974 l'editore pubblica *Noi e il nostro corpo*. Scritto dalle donne per le donne, come recita il sottotitolo, il testo del Boston Women's Health

Book Collective è un notevole successo che viene ristampato ogni anno fino al 1983. Feltrinelli è però, soprattutto, l'editore di Luce Irigaray. Della madre della teoria della differenza pubblica, nel 1975, l'opera più nota e più discussa, *Speculum,* e poi anche le successive *Questo sesso che non è un sesso* (1978), *Amante marina* (1981), *Passioni elementari* (1983) ed *Etica della differenza sessuale* (1985).

Attacco alla psicoanalisi freudiana, fuga da un matrimonio infelice, scoperta della sessualità femminile: molti degli ingredienti dei libri Feltrinelli sono gli stessi che hanno decretato il successo straordinario, nel 1976, del romanzo di Erica Jong *Paura di volare*, pubblicato da Bompiani[177]. La protagonista Isadora Wind – il cognome allude proprio a quel paio d'ali che ogni donna possiede ma teme di usare – è una poetessa femminista che abbandona il marito, uno psicoanalista freudiano, per vivere l'intensa passione amorosa sbocciata con Adrian. La trama, oggi, può non comunicare granché; ma il linguaggio audace e diretto con cui Jong, tra le prime, dà voce all'eros femminile, il senso di insoddisfazione delle mogli che era stato svelato da Betty Friedan[178] e che qui troviamo tradotto in chiave di romanzo, basterebbero da soli a motivarne la fortuna. Il principale motivo di fascino dell'opera è però, probabilmente, quella prima persona singolare della protagonista, che ha permesso a molte lettrici di identificarsi nello spaesamento da lei provato trovandosi in un mondo costruito a misura d'uomo, che non prevedeva il suo successo.

«Languivo nella frustrazione più totale pensando che gli argomenti che conoscevo erano "triviali" e "femminili" [...] mentre gli argomenti che non conoscevo per nulla probabilmente erano "profondi" e "maschili". Qualunque cosa facessi, pensavo, era destinata al fallimento»[179].

Il ragionamento sulla frustrazione e sul senso d'impotenza femminili era stato introdotto nel catalogo Bompiani dalla traduzione, nel 1972, del saggio di Germaine Greer *L'eunuco femmina*, che proprio questa insoddisfazione ha per oggetto. Ed è ben portato avanti dall'intenso romanzo di Marie Cardinal *Le parole per dirlo* (1976), coraggiosa ricerca della propria voce interiore e, insieme, di una via d'uscita dalla depressione attraverso la psicoanalisi.

Di fronte a una serie tanto valida di proposte che fanno parte a tutti gli effetti dei classici del femminismo degli anni settanta, si ripresentano le domande che ci eravamo posti a inizio paragrafo. Leggendo quanto hanno pubblicato gli editori, il rischio che l'attività delle case editrici femministe ne risulti ridimensionata è dietro l'angolo. Basterebbe però osservare da vicino il catalogo di quegli anni degli stessi editori che hanno proposto questi titoli per fugare ogni dubbio. Feltrinelli, per esempio, a parte gli scritti di Camilla Cederna, alcune biografie di eroine e una nuova edizione di *Il buio oltre la siepe* di Harper Lee conta davvero poche autrici tra gli anni settanta e gli ottanta.

Bompiani, nel 1975, anno simbolico, anno della donna, quello in cui sono acquistati i diritti per il best seller di Erica Jong, dà alle stampe oltre cento titoli di uomini e appena sedici di donne. Una sproporzione che parla da sé.

Davanti a questa situazione, tornano in mente le parole di Frauenoffensive: «È vero che anche le case editrici guidate dagli uomini, particolarmente durante l'anno dedicato alla donna, pubblicano volentieri letteratura femminile [...]. Il principio degli editori uomini consiste tuttavia nell'individuazione e nella commercializzazione del già pronto e del best seller»[180]. Mentre l'editore che sceglie di pubblicare il testo di una donna – e persino un testo femminista – lo fa malgrado la sproporzione con cui i due sessi sono rappresentati, l'editoria femminista agisce proprio su questa sproporzione. La sua novità consiste nell'aver dedicato alle donne un'attenzione non passeggera e per niente episodica, nell'aver dimostrato che sulle loro opere era possibile imperniare un catalogo, nell'aver costruito per loro – sempre per rubare le parole di Frauenoffensive – «un rifugio»[181].

Postfazione

«So che dà fastidio come un fischio o il solletico vedere una donna di colore alzarsi in piedi per parlare di certe cose o di diritti delle donne. Ci hanno spinto così in basso che nessuno pensava che mai avremmo più potuto alzarci in piedi. Troppo a lungo ci hanno calpestato. Torneremo in alto. E io oggi sono qui» (Sojourner Truth, attivista nera e femminista, Congresso di Seneca Falls, Massachusetts, 1850. Estratto dal libro di Angela Davis *Donne, razza e classe*).

Tempo fa ho scritto a un'amica queste parole: «quando ti leggo mi sento viva».

Quel pensiero scagliato con salvifica incoscienza dalla mano di un'altra donna contro l'Oppressore, capace di restituirti respiro dopo una lunga apnea, non lo dimentichi più.

«Cari alleati, grazie per l'aiuto che intendete offrirci, ma noi determiniamo il nostro movimento e agire politico, e non altri che non appartengono al nostro gruppo sociale. Noi parliamo per noi».

Le parole non erano esattamente queste, ma il senso sì.

Accade sempre quando una minoranza chiede il diritto di parola: tutt'attorno, monta la rabbia.

Così, dopo notti inquiete con la solitudine divenuta guida dei miei pensieri e aria sempre più rarefatta attorno al fuoco sacro della passione politica, Lei aveva scritto anche di me e di quel che stavo provando, come io in passato mi ero messa in condizione di fare per Lei e per altre, e il cerchio della coscienza collettiva si era chiuso ancora una volta.

È in questo processo di identificazione e ritrovata rappresentazione di sé a opera di altre, nel collettivo, che sta il senso della scrittura delle donne.

Il libero pensiero e la sua espressione conducono alla solitudine, come ci raccontano le biografie di molte autrici e pensatrici che della scrittura hanno fatto il loro ponte con le altre donne. Nelle notti di inquietudine avevo cercato conforto e consolazione pensando a Emily Dickinson, soprannominata «The Woman in White» per la sua abitudine di vestirsi rigorosamente in bianco, mentre pronunciava il suo «Di tempo, solo di questo ho bisogno!», rivolto alla nipote Martha prima di chiudersi nuovamente a chiave nella sua stanza, lontana e in fuga da un mondo e da una realtà in cui faticava a rispecchiarsi. Quella «stanza tutta per sé» che per Virginia Woolf era necessaria per lo svolgimento di un lavoro intellettuale, per Dickinson era lo spazio protetto nel quale l'ingresso era consentito unicamente alla presenza incorporea di altre autrici, dei loro scritti e di tutto ciò che riusciva a scovare delle loro biografie, come racconta Ellen Moers. Per usare le parole delle autrici della Libreria delle Donne di Milano in uno dei testi classici del pensiero della differenza sessuale, *Non credere di avere dei diritti*, «Il bisogno insopprimibile di trovare una mediazione fedele fra sé e il mondo, un'altra simile a sé che faccia da specchio e termine di confronto, da interprete, da difensora e da giudice nelle contraddizioni fra sé e il mondo».

Sono nata e cresciuta in queste contraddizioni e non avrei potuto concepire e generare me stessa al di fuori di esse. La presa di parola di altre donne mie simili ha reso possibile la mia, e la scelta di affidarmi ad altre e situarmi nel solco che loro avevano creato – ormai quasi vent'anni fa – fu istantaneamente un contenuto di lotta politica. E oggi ancora, sono le parole di altre donne a mettermi in salvo, lenendo il dolore inevitabile dell'ostracismo che idee, visioni e vocazioni minoritarie espresse incontrano – *ça va sans dire!* – al di fuori della *comfort zone* di narrazioni *mainstream*, sempre più orientate alla raccolta di *like* in questa cupa «èra social».

La domanda che in più punti viene richiamata e riformulata in questo importante testo di Vera Navarria dal bellissimo titolo, *I libri delle donne* – se oggi sia ancora necessaria un'editoria separata e riservata ad autrici donne – per me ha una risposta affermativa, soprattutto se tale editoria è anche editoria indipendente e di pregio.

Nel 2008, ignorata dagli editori medi e maggiori, ho pubblicato il mio primo saggio grazie al coraggio di un piccolo editore milanese indipendente e innamorato di ogni testo che decideva di pubblicare. Solo negli anni successivi sono arrivate proposte di pubblicazione da editori con una maggiore distribuzione. Recentemente, in un'intervista per «L'indice dei libri del mese», pur denunciando la marginalizzazione e il «soffitto di cristallo» che gli autori appartenenti a gruppi sociali minoritari incontrano quando cercano di pubblicare i loro testi, ho comunque ribadito l'importanza della piccola editoria Lgbt, che molto ha in comune con quella delle donne e che per me deve continuare a esistere e resistere.

Dobbiamo tornare a innamorarci della parola «femminista», ripetercela finché non ne sentiamo l'orgoglio. Serve coraggio per andare verso ciò che il senso comune (labile, relativo, mutevole) ci dice essere sbagliato, superato, vetusto, roba da vecchie fanatiche che odiano i maschi e che non sanno godersi l'esistenza. Spingiamoci, quindi, oltre: osiamo anche recuperare la parte buona e sana di un separatismo – altro concetto che ci viene proposto e rappresentato come negativo *in assoluto* dal discorso di maggioranza, abbia esso una valenza politica, culturale, sociale o editoriale – ancora necessario alla nostra elaborazione di cultura e controcultura.

Decostruiamo e analizziamo tutta l'insopportabile retorica dei «ghetti», animata non appena un gruppo sociale cerca di organizzare spazi protetti e riservati, e capiremo che tutto ciò che permette di mettere dei confini, di discriminare, dividere, definire, articolare un discorso che connoti un «Noi e Voi», è ormai rappresentato come un male.

Noi non ci possiamo permettere di accettare acriticamente e aprioristicamente tale pretesa di assolutezza perché – come Hannah Arendt ci ha insegnato – Verità e Politica sono concetti che si autoescludono. La politica è il luogo labile, cangiante e contingente del cambiamento e delle opinioni, lo spazio di continua elaborazione di visioni della realtà sempre differenti, è azione, è cambiamento, è opinione e contingenza, è Movimento.

Certo, ci verrà obiettato e ripetuto, anche in modo ossessivo, che «siamo tutti persone», e questo accadrà ogni volta che tenteremo di prendere o riprendere la parola. E allora ci dovremo chiedere chi quella frase la sta pronunciando, facendone il nostro esercizio di pensiero per arrivare a scoprire, ogni volta e con sgomento, che chi rivendica l'assenza di confini e distinguo sta quasi sempre dalla parte dello steccato che gode di maggiori privilegi sociali.

È insomma la parte più ricca, bianca, maschile, borghese, eterosessuale, *cisgender* che rivendica l'assenza di definizioni e di «ghetti». La lente attraverso cui vediamo, calata davanti ai nostri occhi come il velo di Maya, è, evidentemente, quella utilizzata da un discorso di maggioranza che teme l'elaborazione di subculture che sarebbero alternative, se non in netto contrasto, con la sua narrazione. I nostri ghetti e le nostre nicchie fieramente si connoteranno come oasi di libero pensiero.

Non ci basta infatti che delle autrici popolino i cataloghi dei grandi editori, o che riescano a entrare con successo nelle logiche di un mercato che ha precise regole non scritte. Vogliamo anche entrare nel merito di quello che viene pubblicato, arrivando a dire che non è solo il genere delle scriventi a interessarci, ma anche i contenuti pubblicati, il loro non asservimento e la loro reale emancipazione da quella rappresentazione del mondo che, spacciata come neutra, è ancora oggi maschile e patriarcale. Non saranno insomma successi editoriali planetari dalle cinquanta effimere sfumature a cambiare tale rappresentazione e a renderla a misura di donna.

Se è importante riconoscere che il pensiero della differenza ci ha donato strumenti essenziali per la nostra *boîte à outils* che custodiamo gelosamente, lo è almeno altrettanto riconoscere il limite di un pensiero eccessivamente focalizzato sulle differenze biologiche fra maschi e femmine. Se è certo che oggi ancora amiamo e dobbiamo – per ritrovare noi stesse e non perderci nella logica dell'integrazione/assimilazione alla cultura patriarcale – rievocare Carla Lonzi che, dando espressione al suo genio teoretico, bella e fiera, scriveva che «l'importante con gli uomini è di uscire dal ruolo di aspiranti ai loro valori, di uscirne davvero. Infatti se hai conquistato un tuo valore da contrapporre a quel mondo, se hai pagato per conquistartelo, allora tutto cambia. L'uomo lo sa. Non è la prima volta che succede nella storia... Da questo mio centro non mi muoverà più nessuno», è altrettanto importante preservare e recuperare l'attenzione al contesto sociale e alla sua forza nel fare della biologia un destino, com'era tipico del femminismo dell'uguaglianza.

Se è vero che le differenze biologiche tra maschi e femmine non possono essere condannate all'irrilevanza nel discorso, è altrettanto vero che il patriarcato è un costrutto sociale e culturale di significati e regole condivise che va ben oltre i sessi, e che quella delle aspettative di genere è una gabbia per tutti, femmine e maschi. Solo evidenziando l'universalità e la trasversalità dell'oppressione, estendendone a tutti la cognizione, potremo decostruire e finalmente abbattere il patriarcato pubblico.

Come appartenenti alle generazioni successive di femministe, quando volgiamo lo sguardo alla rivoluzione culturale iniziata negli anni settanta – nel vedere le fotografie in bianco e nero delle battagliere, i filmati delle manifestanti, i cartelli che rivendicano l'aborto libero, il gesto della vagina rappresentato davanti a piazze gremite di voglia di cambiamento – non possiamo non provare un'euforia che si mischia a una nostalgia strana, quella del rimpianto di chi, di una rivoluzione, ha solo potuto ascoltare le appassionate narrazioni non potendone essere protagonista. La sensazione è quella di trovarci, come in un paradosso temporale, collocate in un tempo anteriore e non posteriore a quella rivoluzione, defraudate di qualcosa.

È evidente che, nei decenni successivi ai settanta, molto di quello che le generazioni precedenti avevano conquistato, o comunque messo in discussione, ci è stato tolto e che oggi fatichiamo persino a capire e ricostruire come possa essere successo. Nella ri/costruzione di quella cognizione e di quel senso della prospettiva necessari a situarci, i libri delle donne hanno e avranno anche in futuro assoluta centralità nel lavoro di decostruzione, costruzione e ricostruzione di visioni, significati, lessico, parole per dire e nominare l'oppressione e la necessaria rivoluzione culturale che, si badi, più che come cambiamento legato a un luogo e un tempo dato, va inteso come una costante pratica politica.

Monica J. Romano
Scrittrice transgender e femminista

Note

1 Carmen Callil, *The Stories of our Lives*, in «Guardian», 26 aprile 2008
2 Dal Manifesto di Rivolta Femminile
3 Bibia Pavard, *Les Éditions des femmes. Histoire des premières années 1972-1979*, L'Harmattan, Parigi 2005. E-book, pagine non numerate
4 Dal Manifesto di Rivolta Femminile, cit.
5 *Ibidem*
6 Testo di Elena Gianini Belotti pubblicato da Feltrinelli nel 1973
7 Laura Lepetit, *Autobiografia di una femminista distratta*, nottetempo, Roma 2016, p. 19
8 *Ibidem*
9 Carmen Callil, *The Stories of our Lives*, cit.
10 *Ibidem*
11 Laura Lepetit, *Autobiografia di una femminista distratta*, cit., p. 20
12 Dal comunicato stampa per la nascita della casa editri-

ce Frauenoffensive di Monaco, datato 9 ottobre 1975. Traduzione dal tedesco mia e di Michael Hoyer. Fonte: Frauenmediaturm.de

13 Piera Codognotto e Francesca Moccagatta, *Editoria femminista in Italia*, Associazione italiana biblioteche, Roma 1997, p. 6

14 Il concetto di intersezionalità è stato proposto per la prima volta nel 1989 dalla femminista e giurista Kimberlé Williams Crenshaw, in riferimento alla condizione delle donne nere degli Stati Uniti, collocate nell'intersezione tra l'oppressione di genere e quella di razza. Il femminismo intersezionale, oggi, ha ampliato il concetto includendovi qualsiasi tipo d'oppressione (e quindi di classe, di etnia, di genere, di orientamento sessuale e varie altre) nella convinzione che ogni persona non sia mai definita da una sola categoria

15 Testo tratto dal video di Lorenzo Melegari, che si può guardare sul sito del Centro studi movimenti di Parma (www. csmovimenti.org/lacittadelledonne). La narrazione è a sua volta un montaggio di testi tratti da alcuni documenti del fondo «Biblioteca delle donne di Parma "Maurizia Pellegatti"», disponibile alla consultazione presso lo stesso Centro. I documenti sono: Resoconto di un dibattito avvenuto nella Casa delle donne di Parma di via XX settembre 31 (16 settembre 1979); *Cara socia...* lettera della Biblioteca delle donne alle socie (1981); «Sottosopra» (1976)

16 Elena Ferrante, *Storia del nuovo cognome*, e/o, Roma 2012, p. 402

17 Kathie Amatniek, *Funeral Oration for the Burial of Traditional Womanhood*, in «Notes from the First Year», giugno 1968. Si tratta di un opuscolo stampato a proprie spese dal-

le Redstockings e venduto al prezzo di cinquanta centesimi per le donne e un dollaro per gli uomini. Kathie è nota anche col cognome di Sarachild, scelto in omaggio alla madre Sara

18 Shulamith Firestone, *The Jeannette Rankin Brigade: Woman Power? A Summary of our Involvement, Ivi.* Firestone e Amatniek sono tra le fondatrici del gruppo delle Redstockings e di quello, precedente, delle New York Radical Women

19 Bibıa Pavard, *Les Éditions des femmes. Histoire des premières années 1972-1979*, cit.

20 Kathie Amatniek, *Funeral Oration for the Burial of Traditional Womanhood*, cit.

21 Luce Irigaray, *Io tu noi. Per una cultura della differenza*, Bollati Boringhieri, Torino 1992, p. 6

22 Località inventata, fusione tra Oxford e Cambridge. Virginia riprende il termine da Thackeray, e lo usa per contrapporre i prestigiosi college delle due cittadine a quelli, decisamente più modesti, dove studiano le donne

23 Virginia Woolf, *Una stanza tutta per sé*, Feltrinelli, Milano 2011, p. 59

24 Beth Dingman, «Publishing: Feminist Publishing in the Western World» in *Routledge International Encyclopedia of Women*, Routledge, New York 2000, p. 1712

25 Louise Poland, *The Devil and the Angel? Australia's Feminist Presses and the Multinational Agenda*, in «Hecate», vol. 29 n. 3, ottobre 2003

26 Virginia Clark, «The Kern Factor: Women's Publishing in Western Europe», in *Western Europe: A Resource Guide*, Association of College and Research Libraries, Chicago 1986

27 Beth Dingman, «Publishing: Feminist Publishing in the

Western World» in *Routledge International Encyclopedia of Women*, cit., p. 1712

28 Comunicato stampa del 9 ottobre 1975, consultabile su frauenmediaturm.de (FrauenMediaTurm) archivio online e centro di documentazione sul femminismo tedesco

29 L'Onu aveva dichiarato il 1975 Anno internazionale della donna

30 Bibia Pavard, *Les Éditions des femmes*, cit., sez. 1, cap. 3, «Le moment de prende la plume», E-book

31 Dacia Maraini, *Un grande successo del libro "femminista"*, in «la Repubblica» 26 giugno 1984

32 Joan Wylie Hall, *Conversations with Audre Lorde*, Mississipi University Press, Jackson 2004, p. 172

33 *Ivi*, p. 174

34 Bel Carrasco, *Una editorial feminista catalana se presenta en Madrid*, in «El Pais», 28 giugno 1979

35 *Feminist Publisher and Campaigner for Women's Rights*, in «The Irish Times», 21 aprile 2007. Necrologio per il decesso di Róisín Conroy, non firmato

36 Dagmar Schultz, *The Reception of Audre Lorde. The Berlin Years 1984 to 1992*, in The Feminist Wire, risorsa web

37 Mary Grunwald, *West German Feminist Book Publishers*, in «Women's Studies Quarterly», inverno 1979, p. 23

38 Carmen Callil, *The Stories of our Lives*, in «Guardian», 26 aprile 2008

39 *Ibidem*

40 *Ibidem*

41 Jonathan Coe, *My Literary Love Affair*, in «Guardian», 6 ottobre 2007

42 Carmen Callil, *The Stories of our Lives*, cit.

43 «If a young girl's mind is such a sink of filth and impurity,

I wish to God that I had never had a daughter». Si veda Elizabeth Podnieks, *Daily Modernism. The Literary Diaries of Virginia Woolf, Antonia White, Elizabeth Smart and Anaïs Nin*, McGill-Queen's University Press, Montreal e Kingston - Londra - Itaca 2000, p. 177

44 Jane Dunn, *Antonia White*, Random House, New York 2011
45 Walter Romig (a c. di), *The Book of Catholic Authors*, Romig, Detroit 1942, p. 129
46 Jonathan Coe, *My Literary Love Affair*, cit.
47 Carmen Callil, *The Stories of our Lives*, cit.
48 «Avevamo i nostri standard. [...] Avevamo un limite noto come Whipple line, al di sotto del quale non saremmo scese». *Ibidem*
49 Natalia Aspesi, *Elizabeth la prima donna. Vita e bestseller della von Arnim, signora audace del '900*, in «la Repubblica», 31 gennaio 2012
50 John Stuart Mill, *Sulla servitù delle donne*, Rizzoli, Milano 2010
51 Elizabeth von Arnim, *Il giardino di Elizabeth*, Bollati Boringhieri, Torino 1993
52 Il 2 aprile del 1982 la giunta militare dell'Argentina rivendicò le isole Falkland, territorio britannico. Il conflitto proseguì fino a giugno, quando il Regno Unito prevalse
53 Jonathan Coe, *My Literary Love Affair*, cit.
54 Mary Eagleton ed Emma Parker, *The History of British Women's Writing, 1970-Present*, Springer, Berlino 2016
55 Pseudonimo di Mary Annette Beauchamp (1866-1941). Romanziera australiana, è la cugina di Katherine Mansfield. Ha scritto ventuno romanzi
56 Virginia Woolf, *Romance and the Heart*, in «The Nation and the Ateneum», 19 maggio 1923

57 *Ibidem*

58 Jonathan Coe, *My Literary Love Affair*, cit.

59 Virginia Woolf, *Romance and the Heart*, cit.

60 Maggie Scarf, *A Hungry Way of Saying No*, in «New York Times», 8 agosto 1982

61 Dal sito delle Éditions des femmes: www.desfemmes.fr/ historique/

62 Per maggiori notizie su «Torchon Brûle» e il Mouvement de Libération des Femmes si veda il primo capitolo

63 Bibia Pavard, *Les Éditions des femmes*, cit., sez. 1, cap. 3, «Le moment de prende la plume». E-book

64 *Ivi*, trascrizione della conferenza stampa che il 17 aprile 1974 annuncia l'uscita dei primi tre libri

65 *Ibidem*

66 *Ivi*, e-book, pagine non numerate. Si veda il cap. «La dynamique féminine dans le milieu éditorial»

67 *Ivi*, e-book, cap. «Lutter pour publier: Les Éditions des femmes, une enterprise militante»

68 Jennifer Sweatman, *The Risky Business of French Feminism*, Lexington Books, Lanham 2014

69 Sibilla Aleramo, *Una donna*, Feltrinelli, Milano 1973

70 Bibia Pavard, *Les Éditions des* femmes, cit., e-book, si veda il cap. «Psychanalyse et Politique: du groupe à la tendance»

71 Simone de Beauvoir, *Il secondo sesso*, il Saggiatore, Milano 1994, p. 325

72 Virginia Woolf, *Una stanza tutta per sé*, Mondadori, Milano 1998, p. 50

73 Bibia Pavard, *Les Éditions des femmes*, cit., e-book

74 Hélène Cixous, *Le rire de la méduse*, in «L'Arc», n.51, 1975, p. 40

75 *Comment travaillent les écrivains, Hélène Cixous: lorsque je n'écris pas, c'est comme si j'étais morte*, in «Le Monde», 9 aprile 1976

76 Hélène Cixous, *Tre passi sulla scala della scrittura*, Bulzoni, Roma 2002, p. 102

77 Dal sito delle Éditions des femmes

78 *Ivi*

79 Elena Gianini Belotti, *Dalla parte delle bambine*, Feltrinelli, Milano 2004, p. 23

80 *Le Mouvement de libération des femmes devient la propriété privée d'un groupe*, in «Questions Féministes» n. 7, febbraio 1980. Il comunicato, datato in realtà 19 novembre 1979, porta la firma collettiva «des femmes du Mouvement de libération des femmes». «Questions Féministes» è una rivista della casa editrice rivale Tierce

81 *Ibidem*

82 Antonio Gnoli, *Laura Lepetit: «La mia vita è oggi senza rimpianti, l'ho vissuta da donna e da femminista»*, intervista, in «la Repubblica» 28 febbraio 2016

83 Piera Codognotto e Francesca Moccagatta, *Editoria femminista in Italia*, cit.

84 *Sputiamo su Hegel* (1970) e *La donna clitoridea e la donna vaginale* (1971)

85 Volantino distribuito al Convegno nazionale femminista di Pinarella di Cervia tenutosi dall'1 al 4 novembre 1974

86 A cura del Gruppo femminista per una medicina della donna, *Aborto libero? il metodo Karman e la sperimentazione sulle donne*, La Salamandra, Milano 1975

87 Liliana Paggio, *Avanti un'altra: donne e ginecologi a confronto*, La Salamandra, Milano 1976

88 Barbara Ehrenreich, *Le streghe siamo noi: il ruolo della*

medicina nella repressione della donna, La Salamandra, Milano 1975

89 Paola Weideger, *Mestruazioni e menopausa: fisiologia e psicologia, mito e realtà*, La Salamandra, Milano 1977

90 Elaine Showalter, *Una letteratura tutta per sé: due secoli di scrittrici inglesi, 1800-1900*, La Salamandra, Milano 1984

91 Gabriella Rossetti, *Una vita degna di essere narrata: autobiografie di donne nell'Inghilterra puritana*, La Salamandra, Milano 1985

92 Anna Brawer, *Con Silvia (nata Plath)*, La Salamandra, Milano 1979

93 Luciana Percovich, *La coscienza nel corpo. Donne, salute e medicina negli anni settanta*, Franco Angeli, Milano 2005, p. 51

94 Ann Gorgon *et al.*, *Donne bianche e donne nere nell'America dell'uomo bianco*, La Salamandra, Milano 1975

95 Paola Melchiori, *Simone Weil: il pensiero e l'esperienza del femminile*, La Salamandra, Milano 1986

96 Joan Mellon, *Donne e sessualità nel cinema d'oggi*, La Salamandra, Milano 1978

97 Maria Grazia Silvi, *Il teatro delle donne*, La Salamandra, Milano 1980

98 Piera Codognotto e Francesca Moccagatta, *Editoria femminista in Italia*, cit., p. 14

99 Alberto Cadioli e Giuliano Vigini, *Storia dell'editoria italiana dall'unità ad oggi*, Editrice bibliografica, Milano 2012, p. 118

100 Il rapporto è curato dall'ufficio studi dell'Associazione italiana editori e consultabile sul sito dell'associazione, www.aie.it

101 Maria Rosa Cutrufelli, «Alla conquista delle lettrici. Un nuovo mercato per l'industria editoriale» in *Scritture, Scrittrici*, Longanesi, Milano 1988, p. 129

102 Piera Codognotto e Francesca Moccagatta, *Editoria femminista in Italia*, cit., p. 12

103 Dal sito delle Éditions des femmes

104 Junko Onosaka, *Feminist Revolution in Literacy: Women's Bookstores in the United States*, Routledge, New York 2006, p. 38

105 Nel 2000, quando Atwood vince il Man Booker Prize per *The Blind Assassin*, in casa editrice si può giustamente esultare per aver «pubblicato 25 dei suoi libri nel corso di 35 anni e venduto 3 milioni e mezzo di copie». Così si legge sul sito ufficiale di Virago

106 Anna Maria Crispino, *Autrici? Visto si stampi*, in «Legendaria» 2-3, pp. 10-11

107 Aida Ribero e Ferdinanda Vigliani, *100 titoli: guida ragionata al femminismo degli anni settanta*, Tufani, Ferrara 1998, pag. 73

108 «Libri antimonumentali ai quali noi, rifiutando la delega, gli "esperti" e i padroni, le false neutralità, partecipiamo in prima persona, nostro momento di pratica e di militanza femminista»

109 Aperto nel 1973 negli spazi di un'ex tipografia, la Maddalena è stato per quasi vent'anni l'unico teatro di donne d'Europa. Nato per incentivare la partecipazione femminile in un settore che l'ha tradizionalmente esclusa o fortemente limitata, ha messo in scena testi interamente scritti, diretti e interpretati da donne, oltre ad aver organizzato seminari di regia con Lina Wertmüller e corsi di recitazione con Piera degli Esposti. Dacia Maraini è stata una delle fondatrici. La stessa associazione la Maddalena è stata anche promotrice di un'omonima libreria delle donne e editrice della nota rivista femminista «effe»

110 Aida Ribero e Ferdinanda Vigliani, *100 titoli: guida ragionata al femminismo degli anni settanta*, cit., p. 73

111 Lieta Harrison, *Donne povere matte*, cit.

112 Lieta Harrison aveva già pubblicato *Le svergognate*, una ricerca sui pregiudizi che regolano e condizionano i rapporti tra i sessi dei siciliani che era piaciuta molto a Pasolini e Fellini

113 Stefania Bernardi *et al.*, *La casalinga di Cristo*, Edizioni delle donne, Roma 1976. Dalla quarta di copertina

114 Gigliola Re e Graziella Derossi, *L'occupazione fu bellissima*, Edizioni delle donne, Roma 1976, p. 9

115 Mariarosa Dalla Costa e Leopoldina Fortunati, *Brutto ciao*, Edizioni delle donne, Roma 1977

116 Giulietta Ascoli, Adele Cambria *et al.*, *La parola elettorale*, Edizioni delle donne, Roma 1976

117 Nel 1960 Mailer ha accoltellato la sua seconda moglie, Adele Morales, durante un party. La donna è riuscita a salvarsi grazie a un intervento d'urgenza. La moglie di William Burroughs invece, a cui lo scrittore ha sparato nel 1951, è deceduta

118 Valerie Solanas, *Scum*, edizioni ES, Milano 1994, p. 49

119 Ne parla invece Maria Caronia in A. Ribero e F. Vigliani, *100 titoli: guida ragionata al femminismo degli anni settanta*, cit., p. 73

120 Stephanie Oursler, *Un anno di violenza*, Edizioni delle donne, Roma 1976

121 Sentenza della Corte costituzionale n. 27 del 18 gennaio 1975

122 Intervista su «Libération» del 17 giugno 1999

123 Calamity Jane, *Lettere alla figlia*, Edizioni delle donne, Roma 1979, p. 12

124 *Ivi*, p. 11

125 Chantal Akerman, *Jeanne Dielman*, Edizioni delle donne, Milano 1979. Dalla quarta di copertina

126 *Ivi*, pp. 87-88

127 Vincent Canby, *Jeanne Dielman, Belgian*, in «The New York Times», 23 marzo 1983

128 Sarah Orne Jewett, *Lady Ferry e altri racconti*, Edizioni delle donne, Milano 1982, p. 15

129 Così si legge nella pagina informativa dei volumi di prossima pubblicazione, che ho trovato in *Lady Ferry*

130 Rosa Rosà, *Una donna con tre anime*, Edizioni delle donne, Milano 1981, p. 127

131 *Ivi*, p. 116

132 Eva Menzio, *Atti di un processo per stupro: Artemisia Gentileschi e Agostino Tassi*, Edizioni delle donne, Milano 1981, p. 39

133 *Ivi*, p. 8

134 *Ivi*, p. 39

135 *Processo per stupro* è un documentario del 1979 diretto da Loredana Dordi, da un'idea di Loredana Rotondo. Il film riprende le udienze di un processo per stupro in Italia. Mandato in onda dalla Rai il 26 aprile 1979 in seconda serata, è seguito da oltre tre milioni di spettatori. Se ne chiede a gran voce una replica che viene trasmessa nell'ottobre dello stesso anno ed è seguita da nove milioni di spettatori. *Processo per stupro* ha una vastissima eco nell'opinione pubblica, spingendola a riflettere sulla mentalità sessista ancora imperversante nel paese

136 Eva Menzio, *Atti di un processo per stupro: Artemisia Gentileschi e Agostino Tassi*, cit., p. 95

137 *Ivi*, p. 39

138 Aida Ribero e Ferdinanda Vigliani, *100 titoli: guida ragionata al femminismo degli anni settanta*, p. 73

139 *Ibidem*

140 *Ibidem*

141 Laura Lepetit, *Autobiografia di una femminista distratta*, nottetempo, Roma 2016, pp. 36-37

142 *Ivi*, pp. 58-59

143 *Ivi*, p. 61

144 *Ivi*, p. 19

145 *Ivi*, pp. 37-38

146 Ancora esistente, si trova oggi in via Pietro Calvi 29. Come ogni libreria delle donne, è stata ed è molto più che un semplice negozio: luogo d'incontro, centro di iniziativa politica e di produzione teorica per il femminismo italiano. Abbraccia da subito la corrente della differenza, e le sue idee non sono cambiate da allora. Si legge sul sito web che la libreria «è un'impresa femminista che non rivendica la parità, ma, al contrario, dice che la differenza delle donne c'è e noi la teniamo in gran conto»

147 Laura Lepetit, *Autobiografia di una femminista distratta*, cit., p. 106

148 Cristina Carnelli, *Dove Cade la terza Ghinea: la letteratura al femminile della casa editrice La Tartaruga 1975-1997*, tesi di laurea dell'Università degli Studi di Milano, Facoltà di Lettere e Filosofia, a.a. 2008/2009

149 Laura Lepetit, *Autobiografia di una femminista distratta*, cit., p. 25

150 *Ivi*, pp. 120-121

151 *Ivi*, p. 82

152 *Ivi*, p. 74

153 *Ivi*, p. 75

154 *Ivi*, p. 56

155   *Ivi*, p. 55

156   *Ivi*, p. 32

157   *Ivi*, p. 121

158   *Ivi*, p. 50

159   Il dato appare ancora più rilevante se si considera che, dal 1901 a oggi, solo quattordici donne hanno ricevuto il Nobel, otto delle quali dagli anni novanta in poi

160   Laura Lepetit, *Autobiografia di una femminista distratta*, cit., pp. 92-93

161   Alberto Carollo, *Lu nuova Tartaruga, il grande romanzo classico senza confini. Intervista a Cristina Lupoli Dalai*, 3 febbraio 2017, sulromanzo.it

162   *Il ritorno in libreria della casa editrice La Tartaruga, che guarda al passato*. Sito web della rivista «Il Libraio», 11 gennaio 2017

163   Elena Gianini Belotti, *Sessismo nei libri per bambini*, Dalla parte delle bambine, Milano 1978, p. 8

164   Bibia Pavard, *Les Éditions des femmes. Histoire des premières années 1972-1979*, cit., E-book

165   *Ivi*, e-book

166   Irene Biemmi, *Oltre il rosa e il celeste: leggere liberi da stereotipi sessisti*, in «Bambini», edizioni Junior, dicembre 2014, p. 37

167   Le pagine degli albi per l'infanzia di Adela Turin non sono numerate. Pertanto a volte citerò alcune parti senza indicazione in nota. Rimando per ogni altra informazione bibliografica alle Fonti di questo lavoro

168   «La donna è stufa di allevare un figlio che le diventerà un cattivo amante», scriveva a tal proposito Carla Lonzi sul Manifesto di Rivolta Femminile

169   «La revue des livres pour enfants», n. 67 luglio 1979, p. 12

170   Mi riferisco al best seller di Elena Favilli e Francesca Par-

lato, libro più finanziato nella storia del *crowdfunding*, edito in Italia da Mondadori nel 2017

171 *Entretien avec Christian Bruel: du Sourire qui mord aux éditions Être*, in «La revue des livres pour enfants» n. 242 settembre 2008, p. 128

172 Adela Turin, *Guida alla decifrazione degli stereotipi sessisti negli albi*, pubblicazione a cura della città di Torino, 2003, p. 4

173 Intervista di Beatrice Vallaeys a Michelle Perrot, *Simone de Beauvoir lezioni di sesso*, in «la Repubblica», 21 gennaio 1999

174 Postfazione a Simone de Beauvoir, *Il secondo sesso*, il Saggiatore, Milano 2012

175 Laura Lepetit, *Autobiografia di una femminista distratta*, cit., Roma 2016, p. 27

176 Françoise Collin, «La disputa della differenza», in Georges Duby e Michelle Perrot, *Storia delle donne*, Laterza, Roma-Bari 2011, p. 336

177 Di Jong l'editore pubblicherà anche il seguito del romanzo *Come salvarsi la vita* (1977) e la raccolta di poesie *Frutta e verdura* (1976)

178 In *La mistica della femminilità* (1963). Per maggiori informazioni sull'opera, si veda il capitolo primo

179 Erica Jong, *Paura di volare, Bompiani, Milano 1975*, p. 21

180 Comunicato stampa della nascita della casa editrice Frauenoffensive, datato 9 ottobre 1975, consultabile su frauenmediaturm.de. Traduzione di Michael Hoyer e mia

181 *Ibidem*

Fonti

<u>Virago</u>
Angelou M., *I Know Why the Caged Bird Sings*, Londra, 1984
–, *Mom & Me & Mom*, Londra, 2013
Arnim E. von, *Elizabeth and her German Garden*, Londra, 1985
–, *The Solitary Summer*, Londra, 1993
–, *The Pastor's Wife*, Londra, 2006
Barker P., *Union Street*, Londra, 1982
–, *The Century's Daughter*, Londra, 1986
Bryan B. *et al.*, *The Heart of the Race: Black Women's Lives in Britain*, Londra, 1986
Carter A., *The Sadeian Woman*, Londra, 1979
Chamberlain M., *Fenwomen*, Londra, 1973
Deshpande S., *That Long Silence*, Londra, 1988
–, *The Biding Vine*, Londra, 1993
Gordimer N., *Occasion for Loving*, Londra, 1983
–, *The Lying Days*, Londra, 1983
MacLeod S., *The Art of Starvation*, Londra, 1981
Neale Hurston Z., *Their Eyes Where Watching God*, Londra, 1986

Richardson D., *Pilgrimage One*, Londra, 1979
–, *Pilgrimage Two*, Londra, 1979
–, *Pilgrimage Three*, Londra, 1979
–, *Pilgrimage Four*, Londra, 1979
Segal L., *Is the Future Female?*, Londra, 1985
Thompson D., *Over Our Dead Bodies: Women Against the Bomb*, Londra, 1983
White A., *Frost in May*, Londra, 1978
Wicomb Z., *You Can't Get Lost in Cape Town*, Londra, 1987

The Women's Press
Cobham R. e Collins M., *Watchers and Seekers: Creative Writing by Black Women in Britain*, Londra, 1987
Dangarembga T., *Nervous Conditions*, Londra, 1988
Feminist Anthology Collective, *No Turning Back:Writings from the Women's Liberation Movement, 1975-88*, Londra, 1981
Jones Lynne, *Keeping the Peace*, Londra, 1983
Kanter H. *et al.*, *Sweeping Statements: Writings from the Women's Liberation Movement, 1981-83*, Londra, 1984
Roberts M., *A Piece of the Night*, Londra, 1978
–, *The Visitation*, Londra, 1983
Stefan V., *Shedding*, The Women's Press, Londra, 1979
Walker A., *The Color Purple*, Londra, 1982

Éditions des femmes
Aleramo S., *Une femme*, Parigi, 1974
Cixous H., *Souffles*, Parigi, 1975
Cutrufelli M., *Des Siciliennes*, Parigi, 1976
Falcon L., *Lettres à une idiote espagnole*, Parigi, 1975
Forest E., *Journal et lettres de prison*, Parigi, 1975

Gianini Belotti E., *Du côté des petites filles*, Parigi, 1974

Mitchell J., *L'âge de femme*, Parigi, 1974

Pividal Y. detta Igrecque, *Maman, baise moi encore*, Parigi, 1974

Pizzey E., *Crie moins fort les voisins vont t'entendre*, Parigi, 1975

Thérame V., *Hosto Blues*, Parigi, 1974

–, *La dame au bidule*, Parigi, 1975

Turin A., *Rose bombonne*, Parigi, 1975

Edizioni delle donne

Adnan E., *Sitt Marie Rose*, Milano, 1979

Akerman C., *Jeanne Dielman*, Milano, 1979

Ascoli G. *et al.*, *La parola elettorale*, Roma, 1976

Bachmann I., *Luogo eventuale*, Milano, 1981

Bernardi S. *et al.*, *La casalinga di Cristo*, Roma, 1976

Calamity J., *Lettere alla figlia*, Roma, 1979

Dalla Costa M. e Fortunati L., *Brutto ciao*, Roma ,1977

Duras M., *Agatha*, Milano, 1981

Harrison L., *Donne povere matte*, Roma, 1976

Jones G., *Assassina*, Roma, 1978

Mallarmé S., *La dernière mode*, Milano, 1979

Menzio E., *Atti di un processo per stupro: Artemisia Gentileschi e Agostino Tassi*, Milano, 1981

Orne Jewett S., *Lady Ferry e altri racconti*, Milano, 1982

Oursler S., *Un anno di violenza*, Roma, 1976

Peignot C., *Laure. Storia di una ragazzina*, Roma, 1976

Re G. e Derossi G., *L'occupazione fu bellissima*, Roma, 1976

Rosà R., *Una donna con tre anime*, Milano, 1981

Salomè L., *La materia erotica*, Milano, 1979

Serao M., *Addio, amore!*, Roma, 1977

–, *Castigo*, Roma, 1977

Shelley M., *Mathilda*, Milano, 1980

Solanas V., *Scum Manifesto*, Roma, 1976
Stefan V., *La pelle cambiata*, Roma, 1976
Stein G., *Sono soldi i soldi?*, Milano, 1981
Wittig M., *Il corpo lesbico*, Roma, 1976

La Tartaruga
Banti A., *Il coraggio delle donne*, Milano, 1983
Cather W., *La mia Antonia*, Milano, 1985
Ceresa A., *La figlia prodiga e altre storie*, Milano, 2005
Duranti F., *La Bambina*, Milano, 1976
Field J., *Una vita tutta per sé*, Milano, 1977
Garnett A., *Ingannata con dolcezza*, Milano, 1990
Giannotti S., *Zucchero a velo*, Milano, 1990
Guacci R. e Miorelli B. (a c. di), *Racconta*, Milano, 1989
–, *Racconta 2*, Milano, 1993
Heilbrun C., *Scrivere la vita di una donna*, Milano, 1990
La Spina S., *Morte a Palermo*, Milano, 1987
Lessing D., *Gatti molto speciali*, Milano, 1990
–, *L'erba canta*, Milano, 1990
Livi G., *Le lettere del mio nome*, Milano, 1991
Masino P., *Nascita e morte della massaia*, Milano, 1982
Molfino F., *Legami e libertà. Lettere di Lou Salomé e Anna Freud*, Milano, 2012
Munro A., *La danza delle ombre felici*, Milano, 1994
–, *Stringimi forte, non lasciarmi andare*, Milano, 1998
–, *Segreti svelati*, Milano, 2000
Pallotta della Torre L., *Marguerite Duras. La passione sospesa*, Milano, 1989
Parker D., *Tanto vale vivere*, Milano, 1983
Stein G., *Autobiografia di tutti*, Milano, 1993
–, *La storia geografica dell'America*, Milano, 1980

Toklas A., *Il libro di cucina*, Milano, 1979
Tomasi B., *La sproporzione*, Milano, 1980
Woolf V., *Le tre ghinee*, Milano, 1975
–, *Flush*, Milano, 1985

Dalla parte delle bambine
Andersen H.C., *Mignolina*, Milano, 1978
–, *Piccola sirena*, Milano, 1980
Bruel C., *Chiara, che aveva un'ombra-ragazzo*, Milano, 1978
–, *Chi piange?*, Milano, 1978
–, *La mangia nera*, Milano, 1979
Gianini Belotti E., *Sessismo nei libri per bambini*, Milano, 1978
Pizzoli R., *Sessismo in casa e a scuola*, Milano, 1978
Sand G., *Rosa e Brezza*, Milano, 1977
Turin A., *Una fortunata catastrofe*, Milano, 1975
–, *Rosaconfetto*, Milano, 1975
–, *La vera storia dei bonobo con gli occhiali*, Milano, 1976
–, *Storia di panini*, Milano, 1976
–, *Le cinque mogli di Barbabrizzolata*, Milano, 1976
–, *Arturo e Clementina*, Milano, 1976
–, *Maiepoimai*, Milano, 1977
–, *Babbo Natale srl*, Milano, 1977
–, *Ciaobambola*, Milano, 1978
–, *Aurora. Aurore Dupin diventa George Sand*, Milano, 1978
–, *Alice e Lucia sul nostro sangue*, Milano, 1979
–, *Le avventure di Asolina: nel paese dei giganti*, Milano, 1980
–, *Le avventure di Asolina: le scatole di cristallo*, Milano, 1980
–, *Le avventure di Asolina: i regali della fata*, Milano, 1981
–, *Caravioletta*, Milano, 1982

Bibliografia

Aleramo S., *Una donna*, Feltrinelli, Milano, 1973

Arnim E. von, *Il giardino di Elizabeth*, Bollati Boringhieri, Torino, 1993

Arruzza C. e Cirilli L., *Storia delle storie del femminismo*, Alegre, Roma, 2017

Aspesi N., *Elizabeth la prima donna. Vita e bestseller della von Arnim, signora audace del '900*, in «la Repubblica», 31 gennaio 2012

Audino E., *Questione di genere: lavoro, maternità e politiche di conciliazione*, ebook copyright Elisa Audino 2015

Beauvoir S. de, *Il secondo sesso*, il Saggiatore, Milano, 2012

Bertilotti T. e Scartigno A. (a c. di), *Il femminismo degli anni Settanta*, Viella, Roma, 2005

Biemmi I., *Oltre il rosa e il celeste: leggere liberi da stereotipi sessisti*, in «Bambini», edizioni Junior, dicembre 2014

Brawer A., *Con Silvia (nata Plath)*, La Salamandra, Milano, 1979

Brownmiller S., *Contro la nostra volontà*, Bompiani, Milano, 1976

Bussoni I. e Perna R. (a c. di), *Il gesto femminista. La rivolta delle donne nel corpo, nel lavoro, nell'arte*, DeriveApprodi, Roma, 2014

Cadioli A. e Vigini G., *Storia dell'editoria italiana dall'unità ad oggi*, Editrice bibliografica, Milano, 2012

Calabrò A. e Grasso L., *Dal movimento femminista al femminismo diffuso: storie e percorsi a Milano dagli anni '60 agli anni '80*, Franco Angeli, Milano, 2004

Callil C., *The Stories of Our Lives*, «The Guardian», 26 aprile 2008

Canby V., *Jeanne Dielman, Belgian*, «The New York Times», 23 marzo 1983

Carnelli C., *Dove Cade la terza Ghinea: la letteratura al femminile della casa editrice La Tartaruga 1975-1997*, tesi di laurea dell'Università degli Studi di Milano, Facoltà di Lettere e Filosofia, a.a. 2008/2009

Carrasco B., *Una editorial feminista catalana se presenta en Madrid*, «El Pais», 28 giugno 1979

Castaldi S., *Donne è bello*, Anabasi, Milano, 1972

–, *Al femminile. Testimonianze femministe*, Anabasi, Milano, 1972

Cavarero A. e Restaino F., *Le filosofie femministe*, Bruno Mondadori, Milano, 2002

Chialant M. e Rao E. (a c. di), *Letteratura e femminismi*, Liguori, Napoli, 2001

Cixous H., *Le rire de la méduse*, in «L'Arc», n.51, 1975

–, *Tre passi sulla scala della scrittura*, Bulzoni, Roma, 2002

Cixous H. e Calle-Gruber M., *Root Prints: Memory and Life Writing*, Routledge, Londra, 1997

Clark V., «The Kern Factor: Women's Publishing in Western Europe», in *Western Europe: A Resource Guide*, Association of College and Research Libraries, Chicago, 1986

Codognotto P. e Moccagatta F., *Editoria femminista in Italia*, AIB, Roma, 1997

Coe J., *My Literary Love Affair*, «The Guardian», 6 ottobre 2007

Cutrufelli M., «Alla conquista delle lettrici. Un nuovo mercato per l'industria editoriale» in *Scritture, Scrittrici*, Longanesi, Milano, 1988

De Bartolomeo M. e Magni V., «Il pensiero della Differenza Sessuale», in *Filosofie contemporanee*, Atlas, Bergamo, 2012

De Sangro A., *L'immaginario del femminismo*, tesi di laurea dell'Università Ca' Foscari di Venezia, corso di laurea in Lavoro, Cittadinanza Sociale, Interculturalità, a.a. 2013-2014

Dingman B., «Publishing: Feminist Publishing in the Western World», in *Routledge International Encyclopedia of Women*, Routledge, New York, 2000

Dunn J., *Antonia White*, Random House, New York, 2011

Eagleton M. e Parker E., *The History of British Women's Writing, 1970-Present*, vol. 10, Springer, Berlino, 2016

Ehrenreich B., *Le streghe siamo noi: il ruolo della medicina nella repressione della donna*, La Salamandra, Milano, 1975

Ferrante E., *Storia del nuovo cognome*, e/o, Roma, 2012

Fraire M., *Lessico politico delle donne: Teorie del femminismo*, Franco Angeli, Milano, 2007

Friedan B., *La mistica della femminilità*, Edizioni Comunità, Milano, 1972

Gianini Belotti E., *Dalla parte delle bambine*, Feltrinelli, Milano, 1973

Grunwald M., *West German Feminist Book Publishers*, «Women's Studies Quarterly», inverno 1979

Hofstätter K., *Everybody's Knitting*, Penguin, Londra, 1978

Gnoli A., *Laura Lepetit: «La mia vita è oggi senza rimpianti, l'ho vissuta da donna e da femminista»,* intervista, «la Repubblica» 28 febbraio 2016

Gorgon A. *et al., Donne bianche e donne nere nell'America dell'uomo bianco,* La Salamandra, Milano, 1975

Irigaray L., *Speculum,* Feltrinelli, Milano, 1975

–, *Questo sesso che non è un sesso,* Feltrinelli, Milano, 1978

–, *Amante marina,* Feltrinelli, Milano, 1981

–, *Passioni elementari,* Feltrinelli, Milano, 1983

–, *Etica della differenza sessuale,* Feltrinelli, Milano, 1985

–, *Io tu noi. Per una cultura della differenza,* Bollati Boringhieri, Torino, 1992

Kramarae C. e Spender D., *Routledge International Encyclopedia of Women,* Routledge, New York, 2000

Lagrave R., «Un'emancipazione sotto tutela. Educazione e lavoro delle donne nel XX secolo» in Georges Duby e Michelle Perrot, *Storia delle donne. Il Novecento,* Laterza, Roma-Bari, 2011

Lepetit L., *Autobiografia di una femminista distratta,* nottetempo, Roma, 2016

Lessing D., *Il taccuino d'oro,* Feltrinelli, Milano, 1989

Lonzi, C., *Sputiamo su Hegel,* Scritti di Rivolta Femminile, Milano, 1970

–, *La donna clitoridea e la donna vaginale,* Scritti di Rivolta Femminile, Milano, 1971

–, *Sputiamo su Hegel. La donna clitoridea e la donna vaginale e altri scritti,* Scritti di Rivolta Femminile, Milano, 1978

Lonzi C. *et al., È già politica,* Scritti di Rivolta Femminile, Milano, 1977

–, *La presenza dell'uomo nel femminismo,* Scritti di Rivolta Femminile, Milano, 1978

Lonzi M. e Jaquinta A., *Vita di Carla Lonzi,* Scritti di Rivolta Femminile, Milano, 1990

Lussana F., *Il movimento femminista in Italia. Esperienze, storie, memorie*, Carocci, Roma, 2012

Maraini D., *Un grande successo del libro "femminista"*, «la Repubblica» 26 giugno 1984

Martucci C., *La libreria delle donne di Milano*, Franco Angeli, Milano, 2008

Melandri L., *Una visceralità indicibile. La pratica dell'inconscio nel movimento delle donne degli anni Settanta*, Franco Angeli, Milano, 2000

Melchiori P., *Simone Weil: il pensiero e l'esperienza del femminile*, La Salamandra, Milano, 1986

Mellon J., *Donne e sessualità nel cinema d'oggi*, La Salamandra, Milano, 1978

Missana E. (a c. di), *Donne si diventa. Antologia del pensiero femminista*, Feltrinelli, Milano, 2014

Mitchell J., *Women: the Longest Revolution*, «New Left Review», n.40, dicembre 1966

Ney N., *Male Sterilization, the Lesser Evil*, Frauenpolitik, Münster 1978

Niccolai G., *Esoterico biliardo*, Archinto, Milano, 2001

Onosaka J.R., *Feminist Revolution in Literacy. Women's Bookstores in the United States*, Routledge, New York, 2006

Paggio L., *Avanti un'altra: donne e ginecologi a confronto*, La Salamandra, Milano, 1976

Paoli F., *Pratiche di scrittura femminista*, Fondazione Badaracco e Franco Angeli, Milano, 2011

Pavard B., *Les Éditions des femmes. Histoire des premières années 1972-1979*, L'Harmattan, Parigi, 2005

Pellegrini D., *Una donna di troppo: storia di una vita politica «singolare»*, Fondazione Badaracco e Franco Angeli, Milano, 2012

Percovich L., *La coscienza nel corpo. Donne, salute e medicina negli anni settanta*, Franco Angeli, Milano, 2005

Piccone Stella S., *Per uno studio sulla vita delle donne negli anni '50*, «Memoria», n. 2, ottobre 1981

Podnieks E., *Daily Modernism. The Literary Diaries of Virginia Woolf, Antonia White, Elizabeth Smart and Anaïs Nin*, McGill-Queen's University Press, Montreal e Kingston - Londra - Itaca, 2000

Poland L., *The Devil and the Angel? Australia's Feminist Presses and the Multinational Agenda*, «Hecate», vol. 29 n. 3, ottobre 2003

Rambures J. de, *Comment travaillent les écrivains, Hélène Cixous: lorsque je n'écris pas, c'est comme si j'étais morte*, «Le Monde», 9 aprile 1976

Ribero A. e Vigliani F., *100 titoli: guida ragionata al femminismo degli anni settanta*, Tufani, Ferrara, 1998

Rossetti G., *Una vita degna di essere narrata: autobiografie di donne nell'Inghilterra puritana*, La Salamandra, Milano, 1985

Rossi Doria A. (a c. di), *A che punto è la storia delle donne in Italia*, Viella, Roma, 2003

–, *Dare forma al silenzio. Scritti di storia politica delle donne*, Viella, Roma, 2007

Russo V., «L'editoria al femminile in Europa», in *Storia dell'editoria d'Europa*, Shakespeare&Co., Firenze, 1994

Sabbatucci G. e Vidotto V., *Storia contemporanea. Il Novecento*, Laterza, Roma-Bari, 2008

Salvatori M.L., *Il novecento. Un'introduzione*, Laterza, Roma-Bari, 2002

Scarf M., *A Hungry Way of Saying No*, «The New York Times», 8 agosto 1982

Schneir M., «Redstockings Manifesto», in *The Vintage Book of Feminism*, Vintage, New York, 1995

Sereni C., *Casalinghitudine*, Einaudi, Milano, 1987

Shelley M., *Frankenstein*, Donatello De Luigi, Roma, 1944

Silvi M., *Il teatro delle donne*, La Salamandra, Milano, 1980

Simons J. e Fullbrook K., *Writing's: a Woman's Business. Women, Writings and the Marketplace*, Manchester University Press, Manchester, 1998

Solanas V., *Scum*, edizioni ES, Milano, 1994

Stefan V., *Häutungen*, Frauenoffensive, Monaco, 1975

Stuart Mill J., *Sulla servitù delle donne*, Rizzoli, Milano, 2010

Sweatman J., *The Risky Business of French Feminism: Publishing, Politics, and Artistry*, Lexington Books, Lanham, 2014

Showalter E., *Una letteratura tutta per sé: due secoli di scrittrici inglesi, 1800-1900*, La Salamandra, Milano, 1984

Woolf V., *Romance and the Heart*, «The Nation and the Ateneum», 19 maggio 1923

–, *Una stanza tutta per sé*, Feltrinelli, Milano, 2011

Weideger P., *Mestruazioni e menopausa: fisiologia e psicologia, mito e realtà*, La Salamandra, Milano, 1977

Wylie Hall J., *Conversations with Audre Lorde*, Mississipi University Press, Jackson, 2004

Sitografia

http://www.aie.it/
http://www.moderata.provincia.venezia.it/
http://www.br.de/index.html
http://lp.giunti.it/bompiani/
https://www.bl.uk/
http://www.infofemmes.com
http://archeologia.women.it/user/cddbologna/
http://www.csmovimenti.org/
http://www.cittadegliarchivi.it/
http://www.corriere.it/
http://www.pariopportunita.gov.it/
http://donneculturaeinformazione.blogspot.it/
https://www.desfemmes.fr/
http://efferivistafemminista.it/
http://www.enciclopediadelledonne.it/
http://www.feltrinellieditore.it/
http://www.feminist.com/
http://www.feminist-review.com/

http://www.femminismoruggente.it
https://filosofiaenuovisentieri.it
http://www.fondazionebadaracco.it/
http://www.archiviodonne.bz.it/it
http://www.frauenmediaturm.de/home/
http://genderforum.org/
http://www.herstory.it/
http://www.illibraio.it
http://www.womenews.net
http://www.ilsaggiatore.com/
http://www.ilsole24ore.com/
http://www.independent.co.uk/
http://www.repubblica.it/
http://lajoieparleslivres.bnf.fr
www.universitadelledonne.it
http://www.libreriadelledonne.it/
http://lostampatello.it/
http://www.memomi.it
www.retedelledonne.org
http://www.settenove.it/
https://milano.biblioteche.it/
http://www.sulromanzo.it
https://www.theguardian.com
http://www.thefeministwire.com
https://www.irishtimes.com
https://www.nytimes.com/
https://unionefemminile.it
http://www.unwomen.org/
https://www.virago.co.uk
http://www.wister.it/
https://www.thoughtco.com/womens-history-4133260

Indice

Finito di stampare
nel mese di ottobre 2018
per conto di Villaggio Maori Edizioni
presso Digital Team – Fano (Italy)
ISBN: 9788894898378